虚拟数字人3.0

人"人"共生的元宇宙大时代

陈龙强 张丽锦 ◎ 著

Metahuman

中国出版集团
中译出版社

图书在版编目（CIP）数据

虚拟数字人 3.0：人"人"共生的元宇宙大时代 /
陈龙强，张丽锦著 . -- 北京：中译出版社，2022.4（2022.10 重印）
ISBN 978-7-5001-7013-6

Ⅰ . ①虚… Ⅱ . ①陈… ②张… Ⅲ . ①信息经济
Ⅳ . ① F49

中国版本图书馆 CIP 数据核字（2022）第 041068 号

虚拟数字人 3.0：人"人"共生的元宇宙大时代
XUNI SHUZIREN: REN "REN" GONGSHENG DE YUANYUZHOU DASHIDAI

著　　者：陈龙强　张丽锦
策划编辑：于　宇　黄秋思　田玉肖
责任编辑：于　宇
文字编辑：黄秋思　田玉肖
营销编辑：杨　菲　吴一凡
出版发行：中译出版社
地　　址：北京市西城区新街口外大街 28 号普天德胜大厦主楼 4 层
电　　话：（010）68002494（编辑部）
邮　　编：100088
电子邮箱：book@ctph.com.cn
网　　址：http://www.ctph.com.cn

印　　刷：中煤（北京）印务有限公司
经　　销：新华书店
规　　格：710 mm×1000 mm　1/16
印　　张：18
字　　数：200 千字
版　　次：2022 年 4 月第 1 版
印　　次：2022 年 10 月第 3 次印刷

ISBN 978-7-5001-7013-6　　　定价：69.00 元

版权所有　侵权必究

中译出版社

序

虚拟数字人：向"元"生长

2021年以来，在校园内外的多种场合，我不断被问到或讨论到同一个问题：什么是"元宇宙"？它能给予我们什么？

学界、产业界、投资界和政府监管都对这个炙手可热的概念充满了好奇、探索和创想。普遍的共识认为，"元宇宙"是互联网的下一站，是web3.0新起点。但到目前为止，很难给元宇宙一个完整清晰的定义。

在我看来，"元宇宙"本质上是对现实世界的数字化过程，它需要工具与抓手，去打破局限、扩大视界、开启新的思考方式。在与本书作者陈龙强、张丽锦的交流和探讨中我发现，他们聚焦思考和实践的"虚拟数字人"正是理解元宇宙的重要抓手和基础要素，2021年也正是虚拟数字人行业快速发展、走进大众工作与生活的一年。

从出现到涌现，虚拟数字人在多个行业全面落地发展。"涌现"是生物学中的进化理论，一只乌龟出壳叫出现，一万只乌龟同时出壳叫爆发，一百万只乌龟同时出壳叫涌现，涌现是整体大于部分之和，让生物克服天敌、得以种群延续和进化。"涌现"也是哲学、系统科学、复杂科学、经济学中的重要概念。我用"涌现"形容虚拟数字人，正是认为大量的制作、应用正在让它进入一个变革与进化的临界点，或许虚拟数字人将成为"元宇宙"的最核心进化动力。

书中重点分析的虚拟偶像、虚拟主播、数字员工是当前虚拟数字人产业中应用最多、商业化价值最高的三个类型，数量已经从最初的个位数到数以十万计算，参与机构则包括了政府、金融、文旅、地产、电商、快消等。我们预计，到2025年虚拟数字人的"繁衍"速度将超过地球人类的繁衍速度，那时候"涌现"的进化力量将更加显露。

从融合到聚合，技术保障虚拟数字人的进化。从互联网到移动互联网，再到如今的"元宇宙"（沉浸互联网），技术始终是驱动产业和社会变革的引擎。但技术往往遮蔽在文化中，只有当技术产生革命性变革时，人们才会意识到技术的重要性。当前，技术的"聚合"较之"融合"，更快速而激烈地推动着虚拟数字人的发展，计算机图形学（CG）、语音合成技术（TTS）、深度学习（Deep Learning）、类脑科学、生物科技、计算科学等聚合科技（Converging Technologies）都应用在了虚拟数字人中。

在与作者、也是我的学生张丽锦的共同研讨下，我们从未来媒体形态和服务模式角度，重新定义了虚拟数字人：聚合科技带来语义传播与无障碍传播的新空间，由此诞生的虚拟数字人将作为新媒介角色，广泛应用在元宇宙新生态中，担任着信息制造、传递的责任,是元宇宙中"人"与"人"、"人"与事物或事物与事物之间产生联系或发生孪生关系的新介质。

从"人形"到"人格",虚拟数字人价值体系升级。我们看到,从初音未来到洛天依,再到迪丽冷巴、菜菜子,再到各家银行的数字员工、各个电视台的数字主持人,再到柳夜熙、"复活"的邓丽君,在"人形"上虚拟数字人不断进化:2D到3D,二次元到超写实,创设角色到真人虚拟分身,外形、声音、着装等开始不断接近真人;虚拟数字人在性格、人设上也不断进化:从最初最常见的歌姬,到模特、演员、主播、导游、客服、学生、老师、品牌官,所从事的行业、工种越来越丰富,呆萌范、女王范、潮流达人、科技天才等人设特征越来越多元——这让虚拟数字人具有了娱乐、服务之外的更多贴近工作与生活的功能,如陪伴、互动。可以说,融入"人"的视角与体验,虚拟数字人正在消除我们与元宇宙的距离感。

在两位作者的全力参与及中国传媒大学媒体融合与传播国家重点实验室大数据中心、动画学院、广告学院等的老师与同学们的共同协作下,"中国虚拟数字人影响力指标体系"出炉。我们选取传播力、创新力和社会力三个基本考察维度共26个具体指标来衡量虚拟数字人的影响力——是的,这个体系借鉴了真人的影响力评估。未来,大五人格、九型人格等真人人格、能力的评估指标或许都可以应用在虚拟数字人的影响力评估体系中。

人"人"共生的元宇宙图景随着虚拟数字人的进化徐徐展开。

鸡蛋从外打破是食物、从内打破是生命。回到我们最初的问题，要理解什么是元宇宙，"虚拟数字人"便是那股"从内突破"的力量。

沈浩

中国传媒大学媒体融合与传播国家重点实验室大数据研究中心

首席科学家、教授

二〇二二年二月　于北京

自　序

2021年，元宇宙火爆全球。这个概念源自1992年出版的科幻小说《雪崩》(*Snow Crash*)，带有浓厚的科幻色彩和宏大的叙事逻辑。就像30年前我们无法通俗表达"互联网"的含义一样，目前也很难准确定义"元宇宙"，一千个人能说出一千个不同的元宇宙。

越来越多的创业者和资本开始涌入，这在移动互联网红利逐步褪去、数字化转型方兴未艾的今天，无疑是出现在缝隙里的一道光。互联网的下一个时代该如何被定义，下一个巨头将在何处诞生，元宇宙给了人们极大的想象空间。

好奇心驱动着我们开始研究元宇宙，但最终我们聚焦在虚拟数字人这个赛道上。我们研究发现，从核心特征上看，元宇宙的构建至少需要"人""场""物"三个核心元素，底层系统则是数字科技、数字经济和数字文明。从产业生态上看，虚拟数字人则是元宇宙最核心的产业环节之一，可以横跨移动互联网和元宇宙时代，目前已经进入实际场景应用和资本化发展的阶段。拥抱虚拟数字人，等同于下好元宇宙的"先手棋"。

国内外科技巨头Meta、英伟达（NVIDIA）、百度、腾讯等已经纷纷加码押注虚拟数字人赛道。而随着门槛的降低和应用场景的极大丰富，预计到2025年，虚拟数字人的"繁衍"速度有望超过地球人类的繁衍速度，这个产业也将达到惊人的万亿级。

目前虚拟数字人的上下游产业和应用场景已经十分丰富：打开抖音，可以看到虚拟网红"柳夜熙"；打开央视网，可以看到虚拟主播"小C"；打开百信银行App，可以看到虚拟品牌官"AIYA"（艾雅）。人与"人"（虚拟数字人）的交互，理论上比人与"手机"的交互更自然、更智能，人们的生活方式将随着虚拟数字人的发展发生重大改变。

未来，人人拥有"虚拟分身"，进入元宇宙成为可能。元宇宙语境下，构建未来的商业模式需要打破传统的线性思考方式，避免"刻舟求剑"。就像基于移动互联网的思维逻辑，不能参照PC互联网一样。由于信息载体、交互体验、操作系统等发生了极大的变化，元宇宙将带来巨大的范式转换，例如从智能手机到智能终端的转变、从金融资产到数字资产的转变、从中心化到去中心化价值体系的转变，等等。这种代际变化将是又一次严峻的"进化革命"，企业家们需要极具前瞻性的自我革命思维。

于个人而言，研究虚拟数字人是一种偶然；于历史发展而言，则是必然。希望本书可以给读者的工作和生活带来有益的启发。当然，历史的发展总是瞬息万变，而元宇宙如同星辰大海。我们的研究还仅仅是一个开端,就像互联网产品开发一样,本书可以称为MVP(Minimum Viable Product,最简化可实行产品)版本。本书如有疏漏或思考不成熟之处,敬请读者批评指正。

与时代同频共振,是我们致敬这个伟大时代的最好方式。

陈龙强　张丽锦

2022 年 2 月 22 日

目 录

第一章
虚拟数字人简史

第一节　什么是虚拟数字人・005

第二节　虚拟数字人进入 3.0 时代・010

第三节　虚拟数字人的终局是元宇宙・015

第二章
虚拟数字人产业视图

第一节　核心玩家下场，产业发展进入快车道・024

第二节　从商用到民用，产业生态逐步形成・032

第三节　资本涌入：数十家行业新秀获过亿融资・042

第四节　国内首发虚拟数字人影响力指数・046

第三章
率先发力,虚拟偶像促成千亿级别市场

第一节 灭霸是如何"创作"出来的 · 056

第二节 虚拟偶像成为商业化新爆点 · 059

第三节 破壁吸金,虚拟偶像的"造星"运动 · 066

第四章
场景应用,千树万树梨花开

第一节 小游戏,大宇宙 · 080

第二节 虚拟主播成为新宠儿 · 089

第三节 银行来了个虚拟品牌官 · 101

第四节 虚拟老师和学生走进校园 · 109

第五节 元宇宙开启文旅新视界 · 115

第五章
虚拟数字人3.0的核心技术框架

第一节 主流技术架构 · 124

第二节 基础软硬件支撑体系 · 126

第三节 从0到1创建一个虚拟数字人 · 131

第四节 不可忽视的挑战 · 135

第六章
下一站：元宇宙

第一节　Web3.0 时代的"冰与火"·144

第二节　元宇宙六大主要特征·153

第三节　飞船派和元宇宙派·158

第七章
元宇宙前夜：疯狂的数字资产市场

第一节　一场天价拍卖会·166

第二节　全球主流 NFT 交易平台·168

第三节　花样百出的 NFT 品牌营销·171

第八章
巨头入局：抢占市场新蓝海

第一节　生态卡位：以 Meta 和腾讯为例·183

第二节　技术卡位：以英伟达和百度为例·198

第三节　内容卡位：内容为王，永不过时·206

第九章
未来框架：科技、经济和社会文明

第一节　数字科技：人与"人"共生 · 224

第二节　数字经济：全球竞争新格局 · 237

第三节　数字文明：人类文明的终局 · 246

后　记 · 255

专家推荐 · 257

第一章

虚拟数字人简史

只要戴上耳机和目镜，找到一个终端，就可以通过连接进入计算机模拟的另一个三维世界，每个人都可以在这个与真实世界平行的虚拟世界中拥有自己的分身。

《雪崩》作者　尼尔·斯蒂芬森（Neal Stephenson）

数字生活已然成为这个时代最生动的写照。

回望过去的 20 多年，互联网已经深刻改变了人类的生产、生活和社会文明。

2021 年，元宇宙（Metaverse）概念在全球爆发，meta 在希腊语中意为"超越"，universe 指"宇宙"。这个概念来源于美国作家尼尔·斯蒂芬森在 1992 年出版的科幻小说《雪崩》，作者在书中创造了一个极富想象力的、平行于现实世界的虚拟世界，人们通过公共入口连接，利用"虚拟分身"（Avatar）进入这个虚拟世界——"元宇宙"，与虚拟人生活在同一个虚拟空间。作者在书中创造了元宇宙和虚拟分身两个概念，后来被广泛应用。

扎克伯格（Zuckerberg）显然是这本小说的忠实粉丝。2021年8月，扎克伯格宣布将Facebook更名为Meta，而2021年6月他就透露，未来5年将Meta从一家社交媒体公司过渡到一家元宇宙公司。扎克伯格认为元宇宙是跨越整个科技行业的愿景，是移动互联网的继任者。①Facebook更名为Meta的消息一下子成为爆炸式新闻，并像飓风一样席卷全球。

在Meta发布的一个演示视频里，扎克伯格通过自己的虚拟分身进入元宇宙，在太空舱里和朋友一起打扑克。每个人的虚拟形象都是自定义的，有的是卡通形象，有的是真人复刻，而扎克伯格的朋友博斯（Boz）的虚拟分身是机器甲壳虫形象。扎克伯格还与他的妻子普莉希拉·陈（Priscilla Chan）和真实世界的朋友娜奥米（Naomi）进行了视频通话，整个场面充满了身临其境的科幻感。扎克伯格认为真正实现元宇宙还需要时间，但沉浸感、虚拟分身和虚拟空间等基础组件已经成形，虚拟分身代表每个人在元宇宙中的自己，形象和衣服等都可以定制，并且能够进行全方位的立体式互动。

毋庸置疑，移动互联网、人工智能和虚拟现实等新兴技术正一步步推动着我们向数字化生存的方式演进，移动互联时代正向沉浸互联的元宇宙时代转变，人人拥有"虚拟分身"，进入元宇宙成为可能。除了虚拟分身，交互更自然、更智能的虚拟数字人（Metahuman）也以虚拟偶像、虚拟主播、数字员工、虚拟学生等

---

① 参考自东吴研究所的报告《元宇宙专题报告：技术与应用变革掀开互联网新篇章，把握元宇宙时代投资机会》。

虚拟身份纷纷进入大众视野，社交、购物、娱乐等方式皆在重塑中，人们的生活方式、交互体验将发生重大变革。在元宇宙时代真正到来之前，虚拟数字人的千亿级产业生态正逐步形成，虚拟数字人与人类共存的时代正式来临，元宇宙里的"元人类"正在集结。

那么究竟什么是虚拟数字人？虚拟数字人又将如何发展？

第一节　什么是虚拟数字人

从一场演唱会说起

早在2015年，中国台北小巨蛋体育馆举办了一场别开生面的跨时空演唱会——《如果能许一个愿望·邓丽君20周年虚拟人纪念演唱会》。台上的"邓丽君"以一袭红裙亮相，一颦一笑美丽如初，唱着《甜蜜蜜》等老歌，还与现场的表演嘉宾费玉清"同台"对唱了两首经典名曲，台下7 000名歌迷听得如痴如醉。在那个"恍若重生"般的场景中，虚拟世界和真实世界间的边界仿佛消失了，有观众甚至认为这是邓丽君的生前录像。[①]

[①] 参考自 https://zhuanlan.zhihu.com/p/354945805?utm_source=wechat_session&utm_medium=social&utm_oi=818370713093279744。

作为全球华人的超级歌后，邓丽君甜美的歌声温暖了无数人，粉丝遍布世界各地。如果说扎克伯格描述的是真人复刻的场景，那么这场演唱会则是在邓丽君香消玉殒 20 年后，通过虚拟数字人技术将她"复活"，又把她带回到我们身边。我们不禁可以勾勒这样一幅具有想象力的图景：无论是真实或虚构的人都可以在虚拟世界中拥有虚拟分身，进行任意互动，而这个虚拟分身将可以永生。

这个虚拟世界被称为"元宇宙"。不同于地球大气层以外的宇宙空间，元宇宙一般是指平行于现实世界又能与现实世界发生联动的虚拟世界。这个虚拟世界相当于一个虚拟社会，包括虚拟数字人、虚拟场景、虚拟经济系统和新的数字文明等。我们借助基于人工智能、虚拟现实技术的软硬件一体化设备就能穿梭其中，体验到既科幻又现实的数字生活。"复活"的邓丽君使得科幻界和科技界都在讨论类似话题，比如我们能否走进科幻电影中的幻境，任意遨游；我们能否让已故的诗人复活，在元宇宙里与李白对饮三百杯，一起吟诗作赋。这些场景都是元宇宙和虚拟数字人的发展方向，也蕴藏着巨大的市场机遇。

互联网巨头如 Meta、腾讯、百度以及英伟达，在建构其元宇宙版图时无一例外都优先布局了虚拟数字人，推出了各自的数字人创作平台，如英伟达推出了 Omniverse Avatar。

那么，虚拟数字人到底是什么？具有什么重要特征？与机器人又有什么区别？

从技术角度看，虚拟数字人是指通过计算机图形学、语音合成技术、深度学习、类脑科学、计算科学等聚合科技创设的,并具有多重人类特征(如人的外观、行为,甚至思想或价值观)的虚拟形象。

从未来媒体形态和服务模式看,聚合科技带来语义传播与无障碍传播的新空间,由此诞生的虚拟数字人将作为新媒介角色,广泛应用在元宇宙新生态中,担任着信息制造和传递的责任,是元宇宙中人与人、人与事物或事物与事物之间产生联系或发生孪生关系的新介质。

虚拟数字人具有三个重要特征:一是具有人的虚拟形象,需要借助物理设备呈现,但不是物理实物,这是其与机器人的核心区别;二是具备独特的人设,有自己的性格特征和行为特征;三是具备互动的能力,未来虚拟数字人将能够自如地交流、行动和表达情绪。

虚拟数字人的分类

虚拟数字人是一个统称,又称为虚拟人或数字人,按不同的应用场景又可以分为虚拟偶像、数字员工、虚拟主播等。虚拟数字人的商业化已经走上快车道,在现实实践中按照技术、应用、呈现方式可以分为不同的类型(图1.1)。

从技术层面,虚拟数字人可以分为真人驱动型、智能驱动型两大类。真人驱动型强调"人机耦合",是目前相对成熟的一个领域,发展到完全的智能驱动需要经过一个长期发展过程。

图1.1　虚拟数字人的分类

真人驱动型虚拟数字人采用"CG建模＋真人动作捕捉"方式构建，可以看作是传统影视制作CG技术的延续。在完成原画建模和关键点绑定后，虚拟数字人由动作捕捉设备或摄像头基于幕后的"中之人"①的动作和表情驱动，赋予虚拟数字人动作、表情、语言，并完成表演、现场互动、直播等。近年来算法上的进步大大降低了动作捕捉的设备门槛，也降低了虚拟数字人的使用门槛，虚拟数字人在虚拟偶像塑造、虚拟直播等场景中被大量使用，这是当前行业最常用、也将长期存在的驱动模式。该类型主要攻克的技术难点是"中之人"的微表情、微动作的捕捉以及展示的稳定、流畅。

智能驱动型虚拟数字人，依托深度学习方式，可以实时或离线驱动眼部、眉毛、嘴部等的面部表情，以及语言、动作等。智能驱动可以让虚拟数字人通过学习数据，拥有真实人类的动作、表情甚

---

① 来源于日语"中の人"，指操纵虚拟主播进行直播的人，也泛指任何提供声音来源的工作者。

至是"记忆"、思想等，形成独特的"人设"，获得独特的技能，并可自主完成对外互动与输出，是虚拟数字人的技术发展方向。该类型目前主要是"工具人"，例如虚拟客服、虚拟助手、虚拟导游等，主要基于知识图谱进行服务，其技术难点主要是语音合成的真实性、能否精准识别使用者、交互者的需求。而完全的智能驱动型虚拟数字人，包括人设、人的思想记忆及主动互动与输出，技术门槛高，是技术型公司攻坚的难点。

从应用层面，虚拟数字人主要分为服务型、表演型和身份型三大类。服务型虚拟数字人在企业中被更广泛地使用；表演型虚拟数字人则因虚拟偶像、明星虚拟分身等更具流量吸引力和商业想象空间；身份型虚拟数字人最具市场想象力，因为未来元宇宙时期每个人都可以拥有自己的虚拟分身。

服务型虚拟数字人强调功能属性，如虚拟主播、虚拟教师、虚拟客服、虚拟导游等，也包括具有陪伴、关怀价值的虚拟助手、虚拟关怀师等，主要为物理世界提供各种服务，在经济生活中具有创新、降本增效的特征。

表演型虚拟数字人强调偶像属性，虚拟偶像属于此类型，当前主要被应用在娱乐、社交、办公场景中，如虚拟偶像演唱会、虚拟直播等。

身份型虚拟数字人强调身份属性，是物理世界的"真人"进入虚拟世界、元宇宙中的 ID，也被称为数字分身、虚拟分身。在元宇宙中，身份型虚拟数字人具有广阔的使用场景，当前主要应用在娱乐、社交、办公场景中，如虚拟社区、虚拟会议等。

从呈现方式层面，虚拟数字人主要分为卡通型和超写实两类。卡通型虚拟数字人的身份皆为"虚构"，他们在现实世界中并不存在，但其语言、动作、表情等都具有"人的行为模式"。目前，卡通型虚拟人在二次元、游戏、卡通动画中应用较多，具有制作、运营成本低以及量多的优势。

超写实虚拟数字人是当前主流的发展方向，通过精细设计、技术合成，尽可能贴合真人形象。从诞生之日起，超写实虚拟数字人就绕开了"二维""卡通"等特点，其高清人物建模、服装及专属饰品设计、专属场景设计等更具数字资产属性。因其具有"超写实"的特点，可与物理世界中的人物身份一一对应，在当前更具代表性，更可能成为未来人群与元宇宙场景链接的新工具。

第二节　虚拟数字人进入 3.0 时代

腾讯曾发布过一份研究报告，其中，在一项"00后提及最多的偶像 TOP30"的排名中，排在第一位的是洛天依，排在第二位的是初音未来，虚拟偶像已经超越真人偶像成为"00 后"最喜爱的偶像类型。虚拟偶像最初诞生时，并未获得如此多的关注，而仅仅是以虚拟歌姬的身份吸引了一些粉丝。以虚拟偶像为例，从"圈地自萌"到破次元壁的发展过程，让我们一窥虚拟数字人从萌芽、发展到如今快速爆发的发展历程。

虚拟数字人	1.0	2.0	3.0
互联网阶段	PC互联网	移动互联网	元宇宙
典型代表	林明美	初音未来 洛天依	柳夜熙 翎LING 央视网小C 百信银行AIYA 哈啤哈酱等
典型应用	虚拟偶像	虚拟偶像/虚拟主播	虚拟分身/虚拟偶像 虚拟主持人/虚拟社交
用户群体	泛二次元用户群	泛二次元用户群	全人群
技术方案	官方初始形象 VOCALOID语音合成	CG技术 实时动作捕捉 声优配音	AI技术 唇动表情预测 TTS+NLP
互动载体	长短视频	长短视频 直播	长短视频 直播 Chatbot 智能硬件XR
交互能力 个性化	/	1:N 千人一面	N:N 千人千面
交互能力 时效性	/	非全天候	全天候
交互能力 交互方式	/	文字为主	语音/文本/动作/情感

图 1.2 虚拟数字人发展三阶段

虚拟数字人 1.0：萌芽于 20 世纪 80 年代

"你还记得吗？我们目光交汇的时刻"

"你还记得吗？我们牵手的时候"

"那曾是我们爱的旅途的起点"

虚拟歌姬林明美的歌曲《可曾遇到爱》敲开了许多"80后"的记忆之门。作为日本动画《超时空要塞》和《太空堡垒》中的女主角，林明美在动画中的身份是一名宇宙歌姬，在动画大火之后，制作方又顺势用她的身份推出了音乐专辑。该专辑一经推出便广受好评，并成功打入当时的知名音乐排行榜 Oricon，林明美也由此以虚拟歌姬的身份成功出道。日本媒体更在 1990 年为她率先提出了"虚拟偶像"概念。

20 世纪 80 年代是虚拟数字人的萌芽期，人们尝试将虚拟人物引入现实世界，而林明美无疑是一次大胆的尝试。这一时期，虚拟数字人的制作依赖手绘，制作过程繁琐，制作周期长，制作成本高，因此主要由动画制作公司承担，呈现方式也是纸片人式的"虚拟艺人"，应用也十分有限，粉丝无法与其进行互动，更无法参与创作，虚拟数字人仍处在概念萌芽时期。

虚拟数字人 2.0：发展于 21 世纪初

时间来到千禧年之后。还是在动漫文化盛行的日本，随着 CG 技术、动作捕捉技术的发展，CG 合成的二次元少女"初音未来"在 2007 年"出道"，旋即以歌手身份出专辑、办全息演唱会，引发了第一波全球范围的虚拟数字人关注热潮。

初音的意思是"初次的声音"（初めての音），"初音"也象征着"出发点"。初音未来源于"最不务正业公司"雅马哈的探索。这家最早专门从事钢琴修理的钢琴店，技术精湛、醉心研发，创造出了音乐软件、家具、引擎、摩托车、飞机、卫浴等系列产品。初音未来的内核就是以雅马哈语音合成软件 Vocaloid 为基础开发的音源库，创作者输入原创词曲，音源库就会将歌曲唱出来，最终成为初音未来的歌曲。这也奠定了虚拟偶像的养成型孵化模式，粉丝可以直接参与虚拟偶像的成长过程，为其创造价值。基于这种模式，初音未来吸引了大量粉丝。同时，粉丝不断创作，获得参与感、成就感和荣誉感，初音未来也越来越受欢迎，"虚拟偶像"运营进入良性循环。

初音未来火爆至今，甚至拥有了全球粉丝节"初音日"——初音的日语读作 Miku，在日语中与 3 和 9 的读音相同，而 3 和 9 在日语中又与 thank you 近音，因此 3 月 9 日被当作初音日，粉丝们在这一天举办各类庆典活动，而最大的期待则是来自初音未来的"感谢祭"（表达感谢的庆典、见面会等活动）。因为初音未来可互动、可陪伴具有超高人气，一位名为近藤显彦的日本宅男甚至与她举行了婚礼。虽然很多人都不理解他与一个虚拟人物结婚的行为，但初音未来的众多粉丝却对他们的婚姻表示了支持，并为此创作了很多可爱的漫画作品。

可以说，初音未来凭借"一己之力"让虚拟数字人开始真正进入大众视野。至此，传统手绘逐渐退出制作方式，取而代之的是 CG、动作捕捉等虚拟数字人"基石性"的技术；在运营上，虚拟偶像的养成型孵化模式，让更多的粉丝参与创作，粉丝愿意为自己的虚拟偶像买单，也让虚拟数字人真正拥有了市场潜力，为撬动这一市场，越来越多的企业开始进行尝试。与此同时，虚拟数字人逐渐达到了实际应用水平，基于真人动作捕捉技术形成的数字分身也开始出现，主要应用于影视娱乐行业，利用影视娱乐业的吸金效应，虚拟数字人的技术方、制作方、应用方、运营方等参与者越来越多，内容逐渐丰富，产业链初现雏形。

虚拟数字人3.0：爆发于元宇宙初期

2021年被称为元宇宙元年，虚拟数字人进入快速爆发期。

2021年10月31日，抖音上一位自称会捉妖的虚拟美妆达人柳夜熙一夜爆红，靠第一条视频就登上热搜，获赞量达到360多万，同时涨粉上百万。视频开始，柳夜熙背对着镜头，坐在化妆台前梳妆打扮，引来不少人围观。大家都在举着手机开着闪光灯拍摄。突然，柳夜熙转过身来，周围的人群都被吓退了几步，只有一个街头酷炫小男孩大胆地走向前，并发问："你在这里化这么丑的妆是为了吓人吗？"借此带出了柳夜熙的身份——美妆达人。小男孩又问："你是人吗？"……[①]

这个视频还贴上了虚拟偶像、元宇宙、美妆等话题标签，为网友提供了讨论话题，也使话题不断发酵传播，比如什么是元宇宙。

不同于过去虚拟偶像的出道方式，柳夜熙的出道方式就是依靠抖音短视频，非常简单直接，凭借有故事感的剧情、精致的虚拟人模型、妆容和丰富的肢体语言，连续发布几个短视频之后，截至2022年2月13日，柳夜熙的粉丝数达到了惊人的862万，甚至让多数真人明星都望尘莫及。

---

① 参考自 https://m.sohu.com/a/499234185_351788/。

在不久的将来，随着消费级智能硬件 VR（Virtual Reality，虚拟现实）的普及，虚拟数字人产业将进入快速爆发期。正如智能手机的普及引领了移动互联网时代，VR、XR（Extended Reality，扩展现实）等头显连接虚拟与现实的硬件设备出库量大幅提升，使得虚拟数字人加速走进生活。

这一阶段的虚拟数字人与过去的显著区别是，虚拟数字人的制作水平、软硬件技术和设备得到跨越式升级，虚拟数字人产业一路高歌猛进，呈现爆发式增长态势。众多创业公司开始涌现，Meta、微软（Microsoft）、英伟达、腾讯、百度等互联网巨头纷纷入局，无一例外都将虚拟数字人的创建作为元宇宙的重要元素和核心突破口，如 Meta 研发了 Avatar 平台、英伟达创建了 Omniverse Avatar 虚拟形象开发平台。虚拟数字人在应用场景上不断拓展，开始在影视、传媒、社交、游戏、金融、教育、文旅等场景中得到广泛应用，虚拟偶像、虚拟主播、数字员工等更是进入了商业化阶段，成为元宇宙赛道中的热门，开辟了数字经济的一片大蓝海。

第三节　虚拟数字人的终局是元宇宙

虚实相生的美丽新世界

2020 年初，美国《时代周刊》（*Time*）发布新刊，黑人民权运动领袖马丁·路德·金（Martin Luther King）第 6 次成为封面人物。与以往不同的是，此次封面选择的并非是马丁·路德·金过往的照片，而是选择了由好莱坞影视特效公司联合真人通过虚拟人技术创作完成的肖像。除了《时代周刊》的封面外，这一虚拟形象也会用于沉浸式体验《游行》(*The March*)中，通过约 10 分钟的虚拟现实影像，重现马丁·路德·金的经典演讲《我有一个梦想》(*I Have A Dream*)。

随着技术的进步，虚拟数字人的"造人"成本在急剧降低。在落地应用方面，超写实虚拟数字人的整体颜值在快速提升，其外形、性格、人设都可以无限接近完美，满足人们的心理需求，这一点在娱乐、游戏、服务行业尤为重要。同时，虚拟数字人具有规模化、可复制的特点，其应用不受时间、地点的限制，并且无需休息，有很高的商业价值。此外，虚拟数字人可以根据不同的应用场景变换形象，掌握并运用多方面的技能，具有广泛的适用性。

基于以上优势，虚拟数字人的应用范围不断扩大，除了在影视、传媒、游戏领域的深度应用，虚拟数字人也开始逐步在电商、金融、教育、医疗、文旅等场景有所应用，不少企业陆续推出了自己的虚拟数字员工或虚拟 IP 为企业和产品代言，这项应用具有广阔的发展前景。未来，随着虚拟数字人多场景应用的融合，将出现一个无限接近现实的虚拟世界，一个虚实相生的美丽新世界。

当现实世界中的人和事都可以以数字化的形式投射在元宇宙中，当海量"非现实"的想象场景在元宇宙中被建立，人们通过"虚拟分身"可以任意实现时空切换：一方面可以在元宇宙中做任何在现实世界中能够做到的事情，如和家人、朋友吃饭逛街、与同事一起开会工作、在购物平台上购物等；另一方面还可以"恣意驰骋"，如瞬移到阿尔卑斯山滑雪、和相隔千里的朋友一起看演唱会、与"蝙蝠侠"共进午餐等。当元宇宙中可以实现工作、生活、社交，那么它也便成为虚拟数字人的终极"活动场"。

这样的场景并非遥不可及。

"2023 年，1 700 万个虚拟人类已经进入一座座避世之岛。"小冰公司 CEO 李笛在第九代小冰发布会上宣布上线"小冰岛"，这是全球首个人工智能和真实人类"混居"的社交 App，自 2020 年该公司推出虚拟男友、虚拟女友、虚拟亲友产品以来，用户已经通过这些产品创造出 1 700 万个虚拟人，其中有 26.1% 的虚拟人是被用户当作真实人类的替身创造出来的。在这个岛上能做什么？你可以作为真实人类上岛，可以和虚拟岛民聊天八卦、交流情感，可以和他们互相分享自己的日常和作品，可以拥有共同的朋友圈、相互点赞和评论，可以一起吐槽老板。当你不想进行社交时，你也可以在岛上游走，看看其他岛民在做什么，或者只是在小冰岛听听海浪声和风吹过森林的声音，然后冥想或睡去。

虽然李笛强调"小冰岛"既不是游戏，也不是元宇宙，不希望"什么都能承载"的元宇宙概念影响产品设计和技术迭代，但更多人将"小冰岛"作为体验元宇宙的一个窗口，参与其中。

人人相关的新风口

2021 年 8 月，英伟达公司透露，在 2021 年 4 月 CEO 黄仁勋的一场直播演讲中，实际上出现了14秒黄仁勋的虚拟形象。而这一尝试之所以能够在众目睽睽下瞒天过海，不仅在于超写实的虚拟数字人形象，也在于超级逼真的虚拟场景。在这14秒的直播中，不仅出现了黄仁勋本人的虚拟形象，甚至直播背景中的厨房场景都是通过虚拟技术合成的，过于逼真的虚拟数字人形象和场景瞬间引发了人们的诸多讨论，或许在未来的某一天，除了单个的虚拟数字人和虚拟场景，现实世界中的所有人、物、景都可以复刻在元宇宙中，这无异于开启我们的"第二人生"。

然而关于虚拟数字人的未来延展远不止于此。在现实世界中，每个人的身份都是唯一的，能够做到的事情也是有限的。但在元宇宙中，人们可以有多样的虚拟分身，不仅可以以自己的真实形象作为虚拟分身，也可以改变容貌、身高、性别甚至物种，以多样的形象体验多彩的虚拟世界，甚至可以自己创造虚拟世界。

虚拟数字人的多元、互动、无界等属性进一步拓展了元宇宙的边界；而当虚拟数字人和虚拟场景相融，人们能够以虚拟身份更自由地工作、社交、生活时，真正意义上的元宇宙才最终形成。

而就在当下，虚拟数字人已经来了，成为炙手可热的"当红炸子鸡"。如果说互联网的终局是元宇宙，那么虚拟数字人就是触手可及的当下。

当下是虚拟偶像频出的造星时代。虚拟歌手、虚拟主播、虚拟主持人逐渐成熟，爱奇艺等平台甚至推出了虚拟偶像选秀节目，集结来自众多公司的虚拟IP，进行"虚拟偶像秀"。在企业端，淘宝、王老吉、哈尔滨啤酒、百信银行等品牌开始纷纷推出自己的虚拟数字员工、试水品牌宣传、AI（Artificial Intelligence，人工智能）助手等领域。

当下是企业跑步入场的卡位时代。虚拟数字人作为元宇宙的"通行证"和基础设施，吸引了Meta、腾讯等平台型公司布局制作引擎和生态平台，推动虚拟数字人技术、制作、运营类公司拥抱风口，文娱、旅游、金融、教育等应用公司则纷纷推出炫酷案例，产业链条逐步形成。

当下还是虚拟数字人进入生活的时代。虚拟管家、虚拟老师、虚拟家庭医生、虚拟个人教练等开始陆续服务于人们的生活，能够提供陪伴、关怀等精神需求的虚拟数字人也有望成为独居人群、老龄人群的福音。

远方不远，未来可见。随着人工智能、虚拟现实、5G技术等的兴起及应用，在市场有需求、企业有布局、技术有支撑的综合作用下，虚拟数字人终将成为人人相关的新风口。

第二章

虚拟数字人产业视图

科技在未来二三十年有着一些必然的发展，而这个发展的背后有四个推动力：首先是分享，其次是互动，再次是流动，最后是认知。

《失控》（*Out of Control*）**作者　凯文·凯利**（Kevin Kelly）

无论是从初音未来到洛天依，从明星保罗·沃克（Paul Walker）到扎克伯格，还是从国外到国内，在技术、市场和资本的多重因素推动下，虚拟数字人市场正在爆发。Meta、苹果（Apple）、英伟达、腾讯、百度、字节跳动等大厂纷纷卡位虚拟数字人，押注元宇宙，直接推动了产业链快速发展和行业基础设施的逐渐完善。

进入 2021 年，虚拟数字人的制作门槛快速降低，融合语言、语音、视觉等多模态信息，结合 3D 建模、情绪识别、智能推荐等多种技术打造的虚拟数字人已经可以实现看、听、说以及交互，并开始应用在互联网、文娱、金融、电商、医疗等行业。由于虚拟数字人技术具有广泛的应用前景，资本也纷纷入局。

第一节　核心玩家下场，产业发展进入快车道

2021年12月，中国电信天翼公司发布了《2021年元宇宙虚拟人定制及内容制作项目比选公告》，采购内容为"元宇宙虚拟数字人制作"。与此同时，A股市场对此反应强烈，美盛文化5连板、会畅通讯涨超17%。而放诸全年，多家证券公司分析指出，受市场需求增加、资本加码虚拟数字人等影响，A股元宇宙概念股，比如天下秀、中文在线、佳创视讯、金马游乐、宝鹰股份、盛天网络等皆有拉升表现。

Roblox公司的CEO巴斯祖奇（Baszucki）认为："在元宇宙内，首先用户需要有一个虚拟身份的形象，可以是摇滚明星或时尚模特；同时你还可以在元宇宙里社交，社交必须是'具有沉浸感'的。通过低延迟的链接，你可以在任何时间、任何地点。大量差异化的内容支撑着人们长期的兴趣，安全而稳定的经济系统，确保人们可以在元宇宙里生活。"[1]

这段话被认为是目前对于现阶段元宇宙的发展情况阐述最为透彻的一段话，虚拟身份、场景、玩法构成了元宇宙游戏的三要素，而沉浸感、低延时、随时获得性是元宇宙体验的基础特征，经济系

---

[1] 参考自 https://mp.weixin.qq.com/s/VSV9TuDd2kXI68inveSmGQ。

统支撑则是元宇宙运营的保障。虚拟数字人作为核心要素，是物理世界与元宇宙的连接点，是元宇宙商业化版图中最先、最快规模化发展的产业，将有望成为撬动元宇宙经济的支点。

虚拟数字人的产业生态

当前，虚拟数字人以 B 端的企业商用为主，而随着平台型服务机构的出现，虚拟数字人的制作、运营的成本和周期大幅下降，已开始具备面向 C 端消费者服务的条件，产业链初具格局。我们判断，这个产业在未来 5 年将进一步完成大跃迁，从商用为主，向"人人拥有虚拟分身"的民用场景演进。目前，虚拟数字人在文娱、金融、电商、政务等场景中纷纷落地，而头部企业正通过升级技术、降低成本的方式，加快虚拟数字人"飞入寻常百姓家"的步伐，推动元宇宙的首批"元人类"落地，进而带动用户数及场景的快速裂变，促进产业繁荣。

如图 2.1 所示，上游技术方、中游平台方、下游应用方以及产业资本方共同构建了虚拟数字人的产业生态图。近年来，随着核心玩家纷纷下场，应用场景快速落地，产业发展步入了快车道。

1. 上游技术方

上游技术方为虚拟数字人提供软硬件支持，是产业发展的基础。

图 2.1 中国虚拟数字人产业生态图

软硬件系统平台包括建模系统、动作捕捉系统、渲染系统等，通过传感器、光学器件等获取人物的各类信息，利用软件算法实现对人物形象、动作的重现；硬件包括显示设备、光学器件、传感器、芯片、动作捕捉、表情捕捉设备等；显示设备既包括手机、电视、投影等 2D 显示设备，也包括裸眼 3D、VR 等 3D 显示设备；光学器件用于视觉传感器、显示器的制作；传感器为虚拟数字人的数据采集提供技术支持；芯片为传感器数据预处理、模型渲染、AI 计算等提供支持；AI 能力开放平台主要提供计算机视觉、智能语音、自然语言处理、机器学习等方面的技术能力，也包括区块链技术在虚拟数字人中的应用。

作为虚拟数字人产业的基础设施，软硬件服务方面出现外国深耕多年、中国快步追赶的局面。国外一些高新技术公司推出了多样的虚拟数字人软件解决方案，如 Unity Technologies 公司的 Unity 3D、Epic Games 公司的 Unreal Engine 等。在虚拟数字人硬件方面布局的国外企业也有很多，如提供显示设备的微软、宏达（HTC）等；提供光学器件的爱普生（Epson）、普莱思（Plessey）等；提供传感器的索尼（Sony）、AMN 等；提供芯片的英特尔（Intel）、英伟达等。整体来看，这些处于产业上游的技术方已深耕行业多年，形成了较为深厚的技术壁垒。国内致力于为虚拟数字人提供基础设施服务的多为巨头公司，如腾讯公司，其推出的 xFaceBuilder™ 是一套面向专业开发者的全流程管线，能够敏捷生产适用于多种终端设备的数字人脸；字节跳动公司公开了"一种虚拟角色捏脸的技术、装置、电子设备及存储介质"专利，目前已经用于 Pixsoul 平台；搜狗的 AI 开放平台则提供虚拟数字人的"分身技术"。Pico（小鸟看看）、国承万通旗下的 STEPVR、影创科技、孚芯科技、偶邦智能（ObEN）等创业公司，则纷纷聚焦硬件提供、XR 解决方案、动作捕捉、面部捕捉方案等。

2. 中游平台方

中游平台方是虚拟数字人产业发展的加速器，包括技术、运营两大类解决方案的服务平台。

虚拟数字人技术服务商可分为两类：第一，平台型技术提供商，如腾讯、网易伏羲、火山引擎、百度、商汤科技等；第二，全栈或单点式虚拟数字人技术服务商，如魔珐科技、相芯科技、智造科技、STEPVR、中科深智、爱化身等。运营解决方案及服务平台则覆盖了数字人的 IP 孵化、形象设计与制作、场景制作、后期内容制作、IP 经纪、IP 代运营、电商服务及后期的数字资产管理等，能够基于 B 端、C 端的需求提供定制化或批量化的虚拟数字人服务方案。

运营平台方汇聚的企业较多，科技巨头及人工智能独角兽企业为核心玩家，如腾讯、百度、阿里云、科大讯飞等，均有提供相应虚拟数字人技术的服务平台；也有产业新秀深度扎根，如魔珐科技、中科深智、STEPVR、偶邦智能、次世文化、头号偶像等。中游出现的大量"连接"上下游的服务商，成为虚拟数字人产业发展的重要保障。

3. 下游应用方

虚拟数字人技术在下游应用方落地应用，多样的应用场景与行业应用解决方案，促进了行业繁荣，如表 2.1 所示。

表 2.1 虚拟数字人重点应用的领域、场景及角色

领域	场景	角色
影视	虚拟演员可以完成电影、动画等内容的拍摄；数字替身可以实现现实拍摄中无法表现的内容和效果，已成为影视作品拍摄中的重要技术手段。	虚拟演员 数字替身
传媒	虚拟主持人、虚拟主播、虚拟偶像等大量出现，支持根据音频或文本内容一键生成视频，能够实现节目内容快速、自动化生产，同时能够和观众互动，优化观看体验。	虚拟主持人 虚拟主播 虚拟偶像
游戏	越来越真实的虚拟游戏角色使玩家有了更强的代入感，游戏的可玩性变得更强。	虚拟游戏角色
电商	虚拟客服可以 7×24 小时为客户服务，虚拟主播可通过直播带货帮助电商变现。	虚拟客服 虚拟主播
金融	虚拟理财顾问、虚拟客服等虚拟数字人能够提供以客户为中心的、智能高效的人性化服务。	虚拟理财顾问 虚拟客服
教育	基于 VR/AR 的场景式教育，虚拟老师帮助构建自适应 / 个性化学习环境。	虚拟老师
医疗	虚拟数字人可以实现家庭陪护、家庭医生、心理咨询等，实时关注人们的身心健康，并及时提供应对建议。	虚拟心理医生 虚拟家庭医生
文旅	虚拟数字人可以作为虚拟导游、虚拟讲解员，在博物馆、主题乐园、旅游景区等场所工作。	虚拟导游 虚拟讲解员

按照应用场景的不同需求，虚拟数字人可以分为 B 端、C 端两大类应用。在 B 端应用中，虚拟数字人主要是企业的数字员工，或者品牌官、主持人、导游、心理医生等特定工种的"替身"，如百信银行推出虚拟品牌官 AIYA，新华社推出数字记者小铮等；C 端

的消费者应用端，则出现了大量的虚拟主播和虚拟偶像作为网红艺人或"明星分身"，如迪丽冷巴、菜菜子等。而虚拟数字人的应用平台则主要为 B 站（哔哩哔哩）、虎牙、抖音等。

4. 产业资本方

产业资本是产业链快速完善发展的推手，虚拟数字人产业的起飞得益于政策扶持及市场推动。以虚拟现实为例，在中国制造 2025 重点领域技术路线图中，虚拟现实被列为智能制造核心信息设备的关键技术之一；在产业政策方面，我国将虚拟现实产业发展上升到国家高度，虚拟现实被列入"十三五"信息化规划等多项重大文件中，超过 20 个省市地区开展布局虚拟现实产业；在大众应用方面，预计 2025 年仅 VR 直播用户群就将接近 1 亿规模，据 IDC（Internet Data Center，互联网数据中心）预测，全球虚拟现实产业规模年均增长率将达到约 54%，另据万得（WIND）数据显示，目前整个虚拟现实板块的市值高达 1.8 万亿。

2021 年"虚拟概念"投资迎来了爆发期。年初，3D 虚拟人物社交平台 IMVU 获得了来自网易和 Structured Capital 为首的多家投资机构共 3 500 万美元的投资。4 月，提供虚幻引擎服务的 Epic Games 宣布获索尼、贝莱德（BlackRock）、KKR 等的 10 亿美元投资，估值达到了 287 亿美元；中国元宇宙概念公司代码乾坤，旗下拥有青少年创造和社交 UGC（User Generated Content，用户生成内容）平台"重启世界"（Reworld）也获得了字节跳动 1 亿元投资。5 月，利用人工智能开发可供用户自定义虚拟分身的平台 Genies，宣布完成6 500万美元的B轮融资，本轮融资由风投公司Bond领投，NEA（诺曼艾索）、Breyer Capital（布雷耶资本）、网易等多家公司跟投。9月，为银行和运营商提供虚拟数字人解决方案的追一科技宣布获得中金资本旗下基础设施基金战略投资，该公司在6月刚获得来自中国互联网投资基金、中移创新产业基金的数亿元人民币战略投资。最受行业关注的投资是对VR硬件公司Pico的争夺，字节跳动挤掉腾讯等巨头，以90亿元的价格完成对Pico（VR）的并购，创造了国内VR领域投资标的最高额，数据显示，2020年Pico国内VR一体机市场份额第一，其中2020年第四季度市场份额达57.8%。

不仅如此，总部设在中国的VR初创企业获得的投资总额位居世界第二。目前，腾讯、字节跳动、网易、小米等互联网巨头，红杉、晨兴、中金、建银国际等知名投资机构皆重金布局，而奥飞娱乐等上市公司也纷纷搭车入局。

综合来看，中国虚拟数字人产业链已初具形态，但要完善生态矩阵还有很长的路要走。当前，技术方、平台方、应用方、运营方都已经涌现出大量服务企业，但真正的行业头部企业尚未涌现，产业链的上中下游企业、开发者、消费者的联动也处于初期阶段。只有多方联合，实现产业生态快速运转、创新，才能打造一个健康、高效的虚拟生态系统。

第二节　从商用到民用，产业生态逐步形成

"我也想上火星去看祝融号。"主持人说道。

"我可以送你一个数字人，让这个数字人代表你去火星。"百度CTO王海峰与百度大脑的这段对话后，一个和主持人几乎一模一样的虚拟数字人出现在现场。

主持人连连称赞，"真可以！那既然咱都到火星了，能给穿身太空服吗？"

"没问题，这很简单，百度大脑，请为数字人换身航天服。"王海峰话音刚落，数字人换装成功。

这是2021年8月18日百度世界大会现场的一幕。腾讯、百度、科大讯飞等平台服务方提供的虚拟数字人生成方案，让复杂、高成本的虚拟数字人走进"寻常百姓家"成为可能。

产业生态商业化逻辑

从金融、游戏、影视、教育等行业的商用蓝图，到"人人皆可拥有"的家用愿景，我们能够窥见虚拟数字人产业生态发展的两级跃进：从B端的行业场景应用，到C端的人人皆可轻松获得的"虚拟分身"——一旦在C端普及，那么虚拟数字人产业将迎来爆发式增长。

虚拟数字人商业化的过程将遵循从真人驱动到智能驱动、从单机到联机交互、从商用到民用三大发展规律（图2.2）。在技术层面，拥有"中之人"的真人驱动型虚拟数字人是当下的主流形式，基于知识图谱、NLP（Neuro-Linguistic programming，神经语音程序学）等技术驱动的智能客服则是智能驱动的代表。从交互来看，"单机版本"的虚拟数字人是建造属于自己的"小宇宙"，在游戏、演唱会、秀场等"公共虚拟场景"联动的"联机版本"则是进化后的常态化交互模式。根据商用及民用来区分，虚拟数字人的身份可以分为两种：一种是"商用身份"，如虚拟主播、虚拟综艺主持人、虚拟演员、虚拟客服等，属于机构拥有的"数字资产"；另一种是我们每一个个体在虚拟世界中的"虚拟分身"，属于个人的"数字资产"。实现从商用到民用，虚拟数字人的产业拓展及下沉才真正完成。

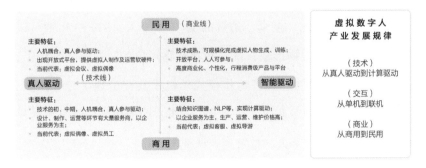

图2.2　虚拟数字人商业化三大规律

进入5G时代，随着设备成本的降低、传输速度的提升、深度学习等算法的优化，"虚拟数字人"开始走进日常生活，在娱乐、文旅、教育、医疗等消费场景中发挥着意想不到的作用：可以跟着宇航员，体验登月、登火星；可以直接走进游戏，面对面感受游戏里的人物、场景；不用去健身房上私教课，不用去培训班上一对多课程，在家就能实现一对一的"真人"教学；广告也疯狂，消费者可以与明星广告代言人"真人"亲密互动……

在中国，从商用到民用的市场下沉刚刚开始却发展迅速，加速了虚拟数字人行业的产品及服务创新。

根据量子位《硬科技深度产业报告》预测，到2030年我国虚拟数字人产业规模将快速增长至2 700亿，到那时家用虚拟数字人占主导地位，达1 750亿，而当前商用的服务型虚拟数字人占主导地位。

调研显示，多模态AI助手是未来服务型虚拟数字人的主要增长点，在医疗、教育等多场景下，许多"可标准化"的、客户服务类型的工种将被工具型、服务型虚拟数字人替代。目前已经出现提供"表演型"和"服务型"数字人的专业机构，如头号偶像、爱化身等可提供精细化、全真、仿真的1∶1数字人，STEPVR则可以快速提供二次元人物形象、虚拟数字动物形象等。在服务创新上，一些MCN（一种网红经济运作模式）机构甚至出现了专业团队，提供虚拟数字人的专业化"代运营"业务；而提供区块链技术的机构，也在研究"数字人的数字资产认证与交易"。

产业生态竞争

随着虚拟数字人产业链的完善和发展，技术方、平台方、应用方、资本方将会吸引更多的参与者。在产业生态竞争者模型中（图

2.3),"直接竞争者"主要包含技术型、内容提供型、运营型企业,"间接竞争者"则以腾讯、字节跳动等平台型科技企业为主,需要引起关注的是"潜在进入者",它们未来将参与到产业技术、产业应用、产业运营中。

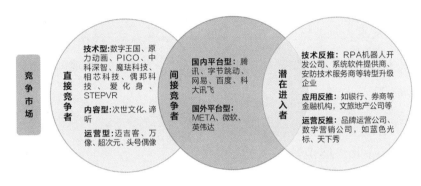

图 2.3 虚拟数字人产业竞争者模型

作为国内领先的互联网银行,百信银行是金融数字人行业应用的先锋,其推出的虚拟数字人 AIYA 是金融行业首个 AI 虚拟品牌官,"摒弃"传统的"智能客服"身份,AIYA 出道的第一个身份是虚拟品牌官,作为企业的虚拟 IP,为百信银行代言,为产品"打 call",或者成为直播带货的"银行小姐姐"。未来随着 AI 技术的发展,她还可以是代表银行"出征"的模特、歌手、游戏达人,可以是理财经理、信贷员、信用卡专家,等等。未来百信银行在数字人领域将做好两个角色:一是探路者角色,结合品牌宣传和产品应用,持续探索数字人在金融服务场景中的落地;二是服务者角色,结合实践经验,助力金融行业数字人的相关技术标准、服务标准制定,推动行业数字人应用落地。

更多产业潜在竞争者的猜测来自运营环节，例如，在 IP 孵化环节，拥有内容 IP 的出版机构、游戏公司将很容易参与；品牌服务、数字营销等代运营机构则更具下场优势，例如代运营王者荣耀虚拟天团的蓝色光标公司和以"网红经济"为特色的天下秀公司等。

从真人驱动到智能驱动、从单机到联机交互、从商用到民用，越来越多的企业开始集结在虚拟数字人产业生态中，快速助力市场进阶。

成本降低：虚拟数字人已触手可及

提到虚拟数字人，很多人往往认为实现制作需要高昂的成本。而随着核心玩家入场，同时将技术及功能持续开放，虚拟数字人的制作成本大幅降低、制作周期大幅缩减，虚拟数字人产业链已经逐步成型。

2021 年初，百度研究院发布了十大科技趋势预测，在描述虚拟数字人的发展趋势时是这样论述的：数字人、虚拟人的生产门槛将进一步降低。结合 3D 建模、情绪识别、智能推荐等多种技术打造的虚拟人可以看、听、说，还能与人自然交流，将大批量出现并广泛应用于服务行业。

抖音上的虚拟网红阿喜就是其创作者杰西（Jesse）在业余时间创作出来的，阿喜的原画、建模、动作捕捉、打光、配乐等都由他自己完成。杰西用业余时间自己一个人就能制作完成一个虚拟人，这在某种意义上表明虚拟数字人的创作工具更加成熟，行业门槛正在降低，更多的人能够创作出多样的虚拟数字人。

与阿喜一样，美国虚拟主播 CodeMiko 自一上线就吸引了众多关注。她每天直播大约 5 小时，期间会和众多真人连线聊天，如游戏主播、明星等，还会在直播过程中改变自己的穿着和形象。

随着 CodeMiko 的火爆，其背后的创作者也浮出水面。CodeMiko 的创作者是一个韩裔女孩，整个 CodeMiko 的项目也是她独立完成的。在打造 CodeMiko 时，这名创作者花费了约 3 万美元购买动作捕捉设备，包括衣服、手指追踪器、头盔等，另外还需要支付每年 9 000 美元的软件维护费用。

在 CodeMiko 上线直播后的短短几个月，CodeMiko 在 Twitch 平台的粉丝量就突破了 60 万，创作者通过直播获得了大量收益。如今，在获得意想不到的丰厚回报后，创作者开始搭建更为专业和系统的团队。

虚拟数字人的平台类工具也已纷纷出现，有些针对专业开发者，而有些则已经开始面向个人。

2021 年 3 月，美国 Epic Games 公司旗下的虚幻引擎平台 Unreal Engine 发布了一款全新软件"虚拟数字人生成器"（Metahuman Creator），让零基础用户也能"捏人成功"，轻松创建超写实的虚拟数字人（图 2.4）。这是目前最受欢迎的虚拟数字人工具平台之一。

Metahuman Creator 基于预先制作的高品质人脸素材库，允许用户以自动混合、手动调节的方式快速生成虚拟数字人，创建的虚拟数字人具有清晰的皮肤纹路和毛孔，能够做出极其自然的表情，整体形态无限趋近真人。最为重要的是，这款软件是免费提供给用户的。

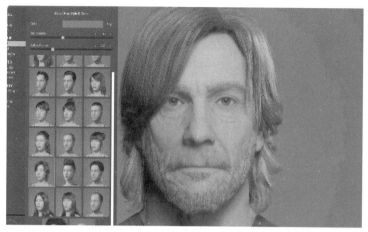

图2.4　在"虚拟数字人生成器"中创建的虚拟数字人

资料来源：Epic Games 官网

使用偶邦智能公司的 PAI（Personal AI，人工智能形象）产品，用户也可以直接生成自己的虚拟数字人。用户在红外摄像头和手机结合的设备前用几秒钟进行 AI "扫脸"测试，就可以获得自己的专属人工智能双胞胎 PAI，它和用户长相相似。获得自己的偶邦 PAI 后，用户还可以让它走动、换装、跳高或舞蹈（图2.5）。据创始人郑毅博士介绍，偶邦 PAI 还拥有聊天机器人功能，可以被应用在娱乐、医疗，甚至未来自动驾驶等相关领域。

北京爱化身科技公司是随着元宇宙兴起而诞生的一家科技企业，核心团队成员来自北京大学、浙江大学等国内外领先的计算机

图 2.5　偶邦智能的 PAI 产品展示

资料来源：偶邦智能科技有限公司官网

图形学和虚拟现实研究机构。爱化身围绕虚拟偶像、数字员工等打造出元宇宙营销的"BMC 模式"[1]，以消费者为中心，通过品牌建设，帮助企业快速实现全链路的虚拟数字人创作和全场景、全触达的元宇宙营销方式（图 2.6）。

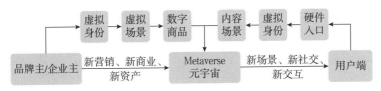

图 2.6　爱化身元宇宙全域营销 BMC 模式

通过虚拟人孵化，爱化身帮助品牌企业打造穿梭在虚拟世界的"数字分身"，构建虚实共生的全新商业生态体系与资产配置方式，将消费者与企业品牌有机、立体地结合起来，形成意识互通、利益互动、心智互同的虚实融合的全新世界。

---

[1]　B 是 Business，指企业；M 是 Metaverse，指元宇宙；C 是 Customers，指消费者。

例如，爱化身帮助西门子打造出虚拟数字人西宇鸣。与大部分企业不同，西门子并没有在虚拟数字人诞生那一刻起对大众公开，而是将虚拟数字人与企业内训的应用场景和内域的使用场景相结合，让虚拟数字人更具备企业文化基因，承载起企业文化与员工之间的沟通通路。

在平台工具的效率上，将一段手机自拍视频传输到腾讯 AI Lab 的 AI 模型上后，只需 30 秒处理时间就能生成一个高拟真度的虚拟人，不仅脸型和五官形状非常贴合，而且具有毛孔、唇纹、毛发等细节。[1] 运用网易伏羲的技术，由一句话生成动画的时间大概只要 30—50 毫秒，这不仅降低了制作成本，更意味着未来虚拟数字人能够进行自主表达。根据调研，2020 年上半年，制作一个超现实虚拟数字人，从策划、设计、测试到上线，大约需要 3 个月的时间，成本往往达到百万元。但到 2021 年底这个过程已经能缩短到 45—60 天。

制作成本和门槛的不断降低意味着不只是企业，普通人也可以通过平台工具进行虚拟数字人的创作，"人人拥有虚拟分身"的行业拐点或许就在不远的未来。

中美数字人产业差异

美国的虚拟数字人最早诞生于好莱坞的娱乐科技公司。在视觉技术上，从 2013 年最早的虚拟偶像三维扫描建模到后期的 AI 算法

---

[1] 参考自 https://mp.weixin.qq.com/s/vy2x1wCa4BRB3Jr94ZiR4A。

建模，从早期的可穿戴设备动作捕捉驱动到后期的 AI 算法驱动，创业公司一直在数字人领域不断使用 AI 进行技术创新，让虚拟数字人的使用门槛不断降低。在虚拟数字人的人设打造和运营上，从专业的数字人经纪公司全面运营、到 OpenAI（一家人工智能非营利组织）使用 GTP-3 聊天机器人、到使用 NFT（Non-Fungible Token，非同质化代币）和 Web3.0 的社区共治（DAO）的形式，数字人的商业模式和应用场景也在飞速迭代。同时，加利福尼亚州拥有好莱坞完整的全球艺术家社区资源，这些优势让美国的虚拟数字人行业有机会在未来 5 年继续保持全球领先优势。

美国的虚拟数字人应用正在与区块链和 NFT 技术结合，几个大的虚拟数字人经纪公司（比如位于洛杉矶的 Brud 公司）已经被美国最大的 NFT 公司收购。虚拟数字人与区块链的智能合约结合会创造出新的、原生的数字经济形式。

中国的虚拟数字人市场潜力巨大，市场规模和体量未来将超过美国，引领全球发展。从互联网 1.0 到 2.0，中国一直是模式创新的沃土，当前元宇宙概念兴起，虚拟数字人产业将首先迎来大发展。在区块链技术层面，由于智能合约还处在早期阶段，行业规范也不明确，因此与中国虚拟数字人相关的、原生的数字经济的发展会受到一定的限制。但是，这个挑战不会影响虚拟数字人在实体经济行业的应用。因此，虚拟数字人在中国的发展优势更在于与实体经济结合，为实体经济赋能。虚拟数字人使得人工智能、大数据、AR（Augmented Reality，增强现实）、VR 等先进技术有了应用的载体，进而更好地为消费者和产业服务。

第三节　资本涌入：数十家行业新秀获过亿融资

2020年，虚拟数字人的资本投资明显增速，尤其是在元宇宙概念的带动下，虚拟数字人几乎成为吸引资本的最佳"利器"。

作为虚拟偶像的发源地，日本繁荣的虚拟偶像行业涌入了大量的资本：2020年初，虚拟主播运营公司Ichikara（彩虹社）获19亿日元（约1亿人民币）B轮融资；曾推出"绊爱"（虚拟Youtuber）的运营公司Activ8获10亿日元（约5 526万人民币）融资。

在中国，2020年以来，随着抖音、快手等短视频平台用户量明显增加，资本看好虚拟数字人行业，投资覆盖硬件、技术、运营、IP孵化等产业链条。

在硬件领域，2021年8月发生了最轰动的并购事件，字节跳动以90亿元收购了VR创业公司Pico。这场"天价并购"是目前为止中国VR行业最大的一笔收购，被视为字节跳动进军元宇宙的标志，媲美2014年Meta以20亿美元收购Oculus VR公司。而资本方也一路看好打造"元宇宙"入口的硬件厂商Pico，数据显示，此前Pico已完成5轮融资，A轮、B轮和B+轮融资金额分别为1.68亿元、1.93亿元和2.42亿元，投资方包括基石资本、招商局资本、建银国际等。

在技术领域，万象科技于2020年4月和9月获得了两轮投资，总金额达数千万人民币，并在2021年3月完成了数百万美元的A

轮融资。该公司既针对不同的内容开发构建虚拟主播库，也为企业提供虚拟偶像的技术服务。上线淘宝直播的虚拟主播 Mika、天猫"金妆奖"颁奖盛典的发布人苏朵朵等都由该公司提供技术支持。中科深智于 2020 年 6 月完成了千万级的天使轮融资，旗下实时动画生产系统"创梦达"在影视、动漫、游戏、直播等行业得到了广泛应用，创梦达既是专业的动画生产工具，也为用户进行虚拟直播提供支持。

在运营领域，追一科技于 2021 年 6 月和 9 月两次完成数亿人民币的融资，是国内"虚拟数字人"技术及运营赛道融资的代表。成立于 2016 年的追一科技聚焦虚拟数字人应用，其 AIForce 数字员工产品族已经应用在金融、政务、电信、电商等商业领域，获得了中金资本旗下基础设施基金、中国互联网投资基金、中移创新产业基金等的青睐。

在数字资产领域，头号偶像数字科技公司于 2021 年 7 月正式宣布进军元宇宙数字人和数字资产领域，定位为"让每个品牌都拥有数字资产"。头号偶像一方面发布自己的数字资产平台"头号藏品"，通过 UGC 的模式，试图再造一个中国版 OPENSEA。通过电商的模式，头号偶像推出了虚拟偶像、文旅 IP、品牌 IP 等品类，吸引各大品牌商和知名 IP 入驻。另一方面，头号偶像发布数字人 SaaS 平台，以云端供给的方式为企业端快速创作企业虚拟数字人，并提供虚拟化直播、虚拟服装等运营服务。

IP 孵化及运营也同样受资本欢迎。2020 年上半年，迈吉客科技公司与重力聿画公司合作打造了美食 IP "我是不白吃"，定位于美食领域,在抖音通过"真人+虚拟"直播的方式运作,抖音粉丝已超过1 800万。为虚拟主播提供技术支持和运营的迈吉客公司,在2020年5月获得了由博将资本领投、总额超过亿元人民币的B轮融资。而另一个合作方——二次元IP开发商重力聿画也在2020年7月获得了2 000万人民币的Pre-A轮融资。

此外,2020年以来虚拟偶像领域获得融资的公司还有云舶科技、万面智能、次世文化等,据不完全统计,一年多时间内,数十家虚拟行业新秀获得融资,融资总额超百亿元,为虚拟数字人赛道注入了快速发展动力(表2.2)。

表2.2 2021年虚拟数字人赛道主要融资一览

公司名称	融资时间	融资概况	主营业务	资本方
万像文化	2021年3月	A轮 数百万美元	全栈式虚拟偶像孵化、运营及商业变现服务商	海纳亚洲创投基金
	2021年10月	战略融资 未披露		保时捷风投
	2021年11月	A+轮 数千万美元		海纳亚洲创投基金
中科深智	2021年1月	A轮 数千万人民币	元宇宙内容生产中台,服务过一禅小和尚、萌芽熊、僵小鱼等	金沙江创投
	2021年2月	A+轮 数千万人民币		MYEG Capital 盛景嘉成
	2021年11月	B轮 千万级美元		晨山资本 MYEG Capital
次世文化	2021年7月	A轮 500万美元	虚拟人生态公司原创IP,包括国风超写实KOL翎LING、虚拟DJPurple、虚拟人Merror、南梦夏等	顺为资本 创世伙伴资本
	2021年10月	A+轮 数百万美元		网易资本 动域资本 顺为资本 创世伙伴资本

续表

公司名称	融资时间	融资概况	主营业务	资本方
代码乾坤	2021年4月	战略融资 1亿元投资	中国版Roblox	字节跳动战略投资部
追一科技	2021年6月	战略融资 数亿人民币	AI数字员工提供商	中网投 中移创新产业基金 五源资本 高榕资本
	2021年9月	战略融资 未披露		中金资本
相芯科技	2021年11月	战略融资 7000万人民币	虚拟技术方案提供商、元宇宙搭建商	赛伯乐 新湖中宝
STEPVR	2021年5月	A+轮、B轮共近亿元融资	VR硬件、技术及整体解决方案服务	上海国盛
云舶科技	2021年5月	A轮 数百万美元	AI视频动捕技术服务平台	五岳资本
	2021年7月	A+轮 数百万美元		创世伙伴 五岳资本
Pico	2021年9月	90亿元并购	VR一体机品牌商	字节跳动
创壹科技	2021年1月	股权融资 千万级人民币	数字内容文化服务 原创IP柳夜熙	中赢控股
虚拟影业	2021年9月	PreA 超千万人民币	虚拟数字人IP孵化及运营服务 原创IP虚拟鹤追等	峰瑞资本
头号偶像	2021年11月	战略融资 未披露	虚拟数字人提供商、数字资产运营商	未披露

第四节　国内首发虚拟数字人影响力指数

随着虚拟数字人产业的发展，虚拟数字人也成功吸引了学界的关注。2022年1月28日，中国传媒大学联合头号偶像正式发布《2021年度中国虚拟数字人影响力指数报告》。中国传媒大学媒体融合与传播国家重点实验室（以下简称国重）大数据中心首席科学家沈浩教授担任报告总顾问，他提出："虚拟数字人正逐步演进成新物种、新媒介，是人类进入元宇宙的重要载体和媒介的延伸。"

报告认为，在智慧型全媒体的多模态传播体系中，传播力、创新力、社会力是衡量虚拟数字人影响力指数的一级指标，一级指标下划分出12个二级指标、26个三级指标，通过层次分析法构建模型、核定权重，组成了全面、具体的评分体系，共同定义虚拟数字人的影响力。该指数是国内首个权威、全面的虚拟数字人影响力评价体系。通过全网监测数据、营销效果数据和专家团队评分三个维度呈现虚拟数字人的影响力分值（图2.7）。数据来源覆盖大型门户网站（如新浪、搜狐、网易等）、新闻媒体网站（如北京日报、经济新闻网、人民网等）、交互性社交平台或网站（如新浪微博、小红书、抖音、快手等）、弹幕视频分享网站（如B站、Acfun等）、自媒体平台或网站（如百家号、今日头条等）和新媒体平台或网站（如微信公众号、博客中国等）；与虚拟IP官方营销效果有关的基础数据采自新浪微博、小红书、抖音、快手、B站5个平台中虚拟

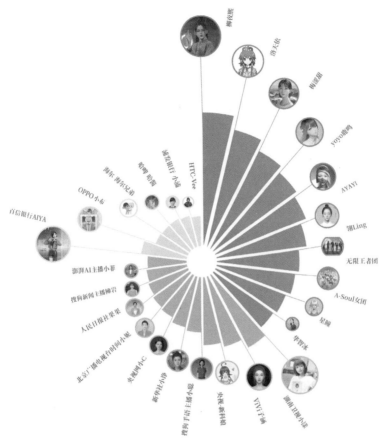

图 2.7 2021 年虚拟数字人影响力排行 Top26

资料来源：《2021 年度中国虚拟数字人影响力指数报告》

IP 的官方账号主页，包括互动数（点赞数、转发数、评论数）、原创数、粉丝数、营销话题数、营销话题内容数据等。

在影响力评估方面，报告将当前国内应用最多、最具人气的虚拟数字人分为虚拟偶像、数字员工、虚拟主播三类，并进行分析评估（图 2.8）。这三类是当前虚拟数字人商业化价值最高、企业及资本参与度最大的类型。随着应用场景的拓展，未来虚拟数字人还会有更多类型，指标也会持续进化。

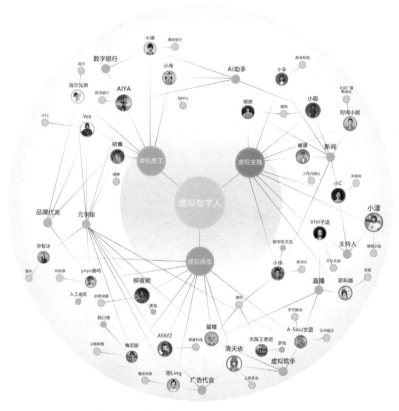

图 2.8　中国虚拟数字人应用关键词图谱

资料来源：《2021年度中国虚拟数字人影响力指数报告》

报告提出，数字员工又分为偶像型、服务型与专家型三类，可作为企业的品牌官、智能客服与AI助手，在创新力指标上表现亮眼。以百信银行的AIYA为例，她是金融业首位"AI虚拟品牌官"，百信银行同时在银行业首发AIYA NFT数字藏品。凭借明晰的知识产权、自主技术以及数字藏品应用，AIYA在IP自主性、IP创新性中的技术指标部分，位列数字员工赛道第一。虚拟偶像分为表演型、时尚型、明星"虚拟分身"等，在传播力、营销创新上领先，例如柳夜熙兼具"赛博朋克和中式奇幻"风格，传播影响力、创新力、社会价值三项指数均位列同类第一。但众多虚拟偶像因版权方、运营方、技术方存在多方拥有、割裂、代运营等问题，在IP的自主性、技术创新上得分不高。虚拟主播呈现专业媒体和个人两类参与态势，以新华社数字记者小诤、央视网小C、湖南卫视小漾为代表的媒体运营虚拟主播在社会力指标上表现出色，可随时随地、定制化地播报新闻，体现了人工智能与媒体行业的深度融合，但在同质化竞争和自主技术提高方面面临挑战。

针对虚拟数字人影响力提升，报告给出了5点建议：打造全媒体的多模态传播体系、打造持续性事件营销体系、挖掘个性化传播内容、重视社会价值传播、提升自主创新能力。

报告还公布了《2021中国虚拟数字人影响力调研》的投票结果。结果显示，总票数为17万+，柳夜熙、翎Ling、A-SOUL女团位列虚拟偶像前三，央视新科娘、央视网小C、新华社小诤位列虚拟主播前三，百信银行AIYA、哈啤哈酱、OPPO小布位列数字员工前三。调研显示，对于不同类型的虚拟数字人，大众对其外形、人设、技术能力、服务能力有着显著的期待差异：60%以上的用户最关注虚拟偶像的外形和作品，66%的用户关注的是虚拟主播的主持风格，但50%的用户认为数字员工最重要的是技术服务以及跨界合作能力。

虚拟数字人的应用价值

随着学术界和产业界对虚拟数字人认知的快速提升，越来越多的虚拟数字人正在被设计、制作和运营，虚拟数字人应用场景得到了极大的扩展，应用价值正逐步被发掘。虚拟数字人激活了元宇宙生态，并被视为未来人类进入元宇宙的重要载体。

1. 重构内容生产模式，提升数字内容生产效率和质量

云游戏、影视制作、虚拟娱乐、虚拟主播等领域已经在广泛应用虚拟数字人，基于更成熟的软硬件一体化技术，虚拟数字人从建模、驱动、渲染、剪辑、合片等流程逐步实现自动化、实时化和智能化，相比真人表演有更自由的发挥空间，创作内容和延展空间得到释放。创作者之间可以在线协作、高效协同，大幅提升内容制作效率，极大地降低生产成本。

2. 重新定义粉丝经济，助力品牌传播快速出圈

品牌代言、虚拟演唱会、虚拟直播等已经成为虚拟偶像、虚拟主播的主流应用场景。虚拟偶像的人设、言行等由品牌方掌握，相比真人明星，可控性更强、安全性更高，虚拟数字人还可以延展应用在元宇宙更多元的虚拟场景中，实现多圈层传播，虚拟偶像 IP 化将成为流行趋势，粉丝经济正在快速崛起。

3. 数字化转型的核心抓手，助力企业生产经营提质增效

虚拟数字员工在传媒、教育、金融、医疗、体育等领域将得到更加广泛的应用，为企业数字化转型发展提供新的路径，有助于企业生产经营提质增效。例如虚拟主播可以"全年无休"、24小时实时播报新闻；虚拟手语主持人可以帮助解决真人手语主持人稀缺问题，有效解决听障人士沟通难题；数字员工则可以扮演客服、导游、助手等功能性角色，提高效率，还具有陪伴、关怀等外延性价值。

4. 元宇宙的核心数字资产，承载着"第二人生"的无限想象

虚拟数字人将成为元宇宙最核心的交互载体和入口，每个人都可以通过虚拟分身进入元宇宙，沉浸式体验游戏、娱乐、社交、教育、运动等数字化内容，开启"第二人生"，追求更真实、更理想的自我。未来，虚拟数字人将拥有法定数字身份，并与个人数字资产进行绑定，确保个人权益和资产安全。

作为新技术、新产业，虚拟数字技术被纳入"十四五"规划纲要，其创新应用将成为我国产业创新的必经之路。《2021年度中国虚拟数字人影响力指数报告》最后提出了对虚拟数字人行业发展的8大展望：

（1）预计2025年虚拟数字人的"繁衍"速度将超过地球人类的繁衍速度。

（2）虚拟数字人将成为人机交互新界面，承载数字世界的沉浸式体验。

（3）可编程的虚拟数字人将实现智能化、规模化生产内容，形成新的产业生态。

（4）2030年，中国虚拟数字人赛道将诞生出超过10个独角兽企业。

（5）AI情感算法、多模态人机交互、类脑科学等技术在虚拟数字人产业带动下将得到跨越式发展。

（6）虚拟数字人产业将催生"中之人""技术美术"、VUP（虚拟UP主）等新职业，相关产业人才缺口高达100万。

（7）数字员工成为消费品、金融、地产、物业、教育、文旅等服务行业的标配。

（8）随着虚拟数字人的爆发式增长，可信数字身份治理体系和网络安全体系建设迫在眉睫，亟需建立可追溯的分布式数字身份体系。

第三章

率先发力,虚拟偶像促成千亿级别市场

很多人选择了向虚拟现实的魅力屈服，寄情于自我幻想，这纵然不切实际却更能与人安慰。

《百年孤独》作者　加西亚·马尔克斯（García Márquez）

这是个偶像频频"塌房"（人设崩塌）的年代，更是虚拟偶像频出的造星时代。打开电视，我们能够看到洛天依的广告；打开抖音，我们能够看到虚拟网红柳夜熙的短视频；打开B站，我们能够看到虚拟主播绊爱的直播。人们对偶像文化的追求源远流长，其实这种现象源自最原始、最深处的人性……

影视制作与虚拟偶像行业有很多相似之处，影视虚拟人的应用为其他领域带来了诸多经验，也为虚拟偶像的崛起创造了条件。根据爱奇艺发布的《2019虚拟偶像观察报告》，全国有3.9亿人正在关注或正打算关注虚拟偶像，其中95后至05后用户渗透率达64%。

第一节　灭霸是如何"创作"出来的

影视制作为虚拟偶像的崛起创造条件

虚拟数字人曾经是一个高不可攀的行业,最早主要应用在影视制作、3D游戏和虚拟偶像领域。以影视为例,全球超过10亿美元票房的前10部电影中,有4部电影的票房超过20亿美元,分别是《泰坦尼克号》《阿凡达》《复仇者联盟3:无限战争》和《速度与激情7》。可以肯定地说,这4部电影无一例外都使用了大量的虚拟数字人技术,集合了三维建筑、数字高清、高速摄影、虚拟摄像、图像渲染及合成等几乎全部先进技术,给观众带来了无与伦比的视觉震撼,也为导演团队带来了极大的经济回报。但这些电影背后的技术门槛和资本门槛让绝大多数行业望而却步,影视级的制作放到其他行业绝对是降维打击。

《复仇者联盟3:无限战争》于2018年4月在美国上映,最终全球票房达到20亿美元。在这部充满想象力的科幻电影里,漫威英雄第一次大集合,其中灭霸成了当仁不让的主角。

灭霸是虚拟数字人技术在影视界的殿堂级应用。作为"复联"中最强大的反派,灭霸拥有巨型的恶霸身形和脸型,配上犀利眼神和紫色皮肤,尽管是反派角色,其角色定位却体现出了坚定的意志和决心,把各路超级英雄"按在地上摩擦",打个响指更是随机消灭了半个宇宙的生命。除了拥有毁天灭地的战斗力，灭霸一角更是凭借饱满的人设以及演员的超高演技征服了无数观众。

电影制作组首先通过三维建模形成灭霸的原始模型，然后对演员进行骨骼绑定和动作捕捉，采集到的数据会被赋予到模型上，并驱动灭霸模型产生运动，最后通过后期动画制作而成。灭霸的扮演者是乔什·布洛林（Josh Brolin），摄制组把运动捕捉相机和传感器嵌入到专业设备中，演员需要穿着这些设备来完成各种动作。其中面部是最难处理的部位，为确保最逼真的效果，布洛林的脸上排布了大约150个追踪标记点，再戴上头盔摄像机（HMC）以48FPS的高清分辨率进行立体拍摄，对面部进行实时数据采集。在这个过程中，身体捕捉同时进行，这样才能做到演员的肢体动作与面部表情完全匹配。这些数据经过机器学习的训练和专业软件的处理，自动将低分辨率网格转变为高分辨率网格，确保采集到的肢体和面部的数据是高精度的，150个面部数据点最终将转化为约40 000个3D形态且高分辨率的演员面部动作数据。

除了使用了大量的动作捕捉技术，为了让这个虚拟角色拥有更真实的质感，制作组还需要使用更高阶的渲染技术，目前的技术已经能做到实时训练、实时渲染和实时驱动。灭霸的眼球模型也是经过精心制作的，通过模拟真实眼睑的数据，识别眼睛周围皮肤和软组织、皱纹的运动状态，最后形成特写镜头，几乎可以达到完全写实的效果。所以我们在电影中能清晰地看到灭霸脸上细微的表情变化、脸部肌肉运动甚至皱纹活动。

《复仇者联盟3：无限战争》的投资费用达到了惊人的10亿美

元左右。随着虚拟数字人技术的不断成熟，它在影视中的应用将越来越普遍，不仅带来了影视产业的变革，也激发了影视创作的想象力，给电影插上想象的翅膀。

除了科幻电影，很多高投资的电影也都开始广泛应用虚拟数字人技术。

2013年11月30日，好莱坞最炙手可热的男星保罗·沃克在一场严重车祸中不幸身亡，这也使得已经拍摄过半的《速度与激情7》剧组陷入了困境。是取消保罗原有的戏份，还是更换演员重新拍摄？这个非常现实的问题让导演组成了热锅上的蚂蚁。

到了2014年4月，环球影业终于宣布重启《速度与激情7》的拍摄，导演温子仁（James Wan）正式宣布：不会更换演员重新拍摄，而是采用虚拟分身让保罗"重生"。剧组搜集了保罗生前的表情和动作，生成数字成像模型，再通过CG技术渲染出虚拟人保罗。在替身演员进行肢体动作的拍摄后，CG技术会对图像进行脸部替代。而声音部分也采用同样的方式进行采集和重编，从而让保罗在银幕上"重生"。观众很难区分出哪个镜头是真实的保罗，哪个是虚拟人。环球影业为此也花费了昂贵的制作成本，补拍保罗镜头时，采用了3名替身和7台摄影机，让原本2亿美元的拍摄预算增加到了2.5亿美元，其中5 000万美元用在了CG动画上，但相比重拍，这已经算是非常经济的了。电影最终给了观众一个完美的结局，当主题曲《当我们再相见》（See You Again）响起时，所有的观众不禁潸然泪下，保罗微笑的画面永远定格在了我们的脑海里。

生活总会充满各种不期而遇的离别和无奈，但我们依旧需要不断向前，因为迎接我们的还有生生不息的希望。

或许有一天，保罗还会走进元宇宙，与我们互动、交流。而我们每个人也将可以建立自己的虚拟分身，即便我们已经年迈，也一样可以通过建立自己年轻时的虚拟分身，永远活在虚拟世界里。

第二节　虚拟偶像成为商业化新爆点

市场规模

虚拟数字人的兴起与影视虚拟人的应用有着千丝万缕的联系。虚拟数字人的商业化是行业发展面临的重要课题。纵览当下虚拟数字人产业，最具商业价值与吸金能力的莫过于虚拟偶像，"像明星经纪人一样运营虚拟偶像"成为行业的新突破口。

在大众娱乐需求持续增长、虚拟数字人技术不断迭代的环境下，虚拟偶像产业率先出圈，逐渐走入发展的高峰期。艾媒咨询数据显示，2020年中国虚拟偶像核心产业规模为34.6亿元，2021年达到62.2亿元，同比增长61.2%。同时，越来越多的产业与虚拟偶像联系在一起，虚拟偶像商业价值被不断发掘，带动产业规模2020年为645.6亿元，2021年为1074.9亿元（图3.1）。

图 3.1 2017—2023 年中国虚拟偶像核心市场和带动市场市场规模及预测

资料来源：艾媒数据中心（data.iimedia.cn）

虚拟偶像主要分为表演型、时尚型、明星"虚拟分身"三类。表演型是最常见的类型，以歌手、演员、DJ、脱口秀演员为主，如洛天依、虚拟鹤追、A-SOUL 女团等；时尚型则主要以模特、网红为主，以各类品牌的代言、"硬照"为主要传播内容，如阿喜、AYAYI、ASK 等。明星的"虚拟分身"则分为两种，一种是真人"扫描版"，另一种是"创意版"，目前以后者居多。未来明星的"虚拟分身"或将以其特定年龄段的真人形象为主，如 20 岁、30 岁、35 岁的刘涛等。

虚拟偶像的身份就是 idol（偶像）或者虚拟博主，主要特点是颜值高，有独特人设，而且有大量的粉丝，他们活跃于各大社交平台并积累商业价值，通过品牌代言、直播带货等途径变现。

《2021 年度中国虚拟数字人影响力指数报告》显示，虚拟偶像在传播影响力、营销创新上一骑绝尘，顶流网红柳夜熙、二次元歌手洛天依、超写实数字人 AYAYI 纷纷入榜。AYAYI 的一篇小红书笔记阅读量达 300 万、涨粉 4 万；柳夜熙 7 天涨粉超 400 万，堪称

"超级流量明星"。虚拟偶像凭借超高颜值及良好的运营在社交平台上创造了巨大的流量。但不少虚拟偶像因为版权方、运营方、技术方存在多方拥有、割裂、代运营等问题，普遍在IP的自主性、技术创新上得分不高。此外，虚拟偶像在环保、公益、文化等社会价值贡献上，也有待加强（图3.2）。

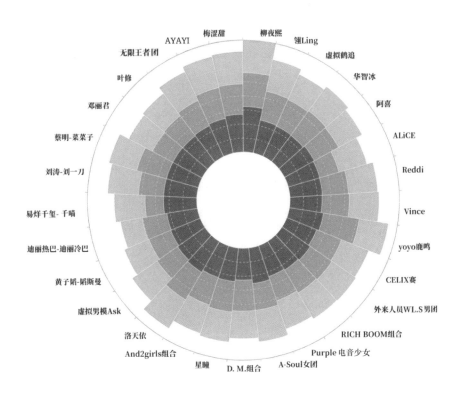

图3.2　虚拟偶像影响力玫瑰图

资料来源：《2021年度中国虚拟数字人影响力指数报告》

报告同时指出，虚拟偶像将出现"多栖"现象，比如，"会捉妖的美妆达人"柳夜熙就横跨表演型和时尚型；还将出现"转会"现象，在数字资产归属、技术团队、运营团队发生变化时，类似球员转会的情况将时有发生。虚拟偶像具有年轻流量聚集、形象不易"塌房"、技术玩法新颖等优势，因此各大短视频平台、企业对虚拟偶像青睐有加，虚拟偶像进入繁荣发展阶段。但在内容运营难、成本居高不下、专业人才缺乏等影响下，虚拟偶像运营的持续性也将迎来极大的考验。

商业化机遇

虚拟偶像都具有独特的人设、外形，在专业机构的运营下，吸引了大量的粉丝，也受到众多时尚品牌甚至奢侈品牌的追捧，已经逐步具备吸金能力。

作为中国虚拟偶像的 OG（Original Gangster，元老），洛天依的职业成就让很大一部分明星都望尘莫及。2017 年 6 月，出道 5 年的洛天依在上海举办了第一场线下演唱会，首批 500 张 SVIP 的内场票在 3 分钟内售罄，可见其作为"顶流歌手"的热度；长安汽车、三只松鼠、肯德基、美年达、必胜客、护舒宝、吉列等品牌都与其有过商业上的合作，代言费达上百万元；2020 年 5 月，洛天依现身淘宝直播间，为其代言的品牌带货，直播在线观看人数一度高达 270 万，近 200 万人打赏互动。另据市场消息，其直播的坑位费达到 90 万元，比大牌主播还高。

直播带货、品牌代言、参加综艺节目……虚拟偶像们破壁、出圈，成为一个个"虚拟顶流"。

被称为"国漫第一 IP"的虚拟偶像叶修就以其超强的吸金能力为阅文集团带来了可观的营收。作为网文《全职高手》的主角，叶修早已成为万千网友心中的超级明星，在正式出道后，瞬间成为风靡 Z 世代（95 后）的虚拟偶像。

作为超人气虚拟偶像，叶修吸引了大批的"真爱粉"。在他 22 岁生日时，粉丝为了给他庆生，用他的形象点亮了纽约时代广场、上海花旗大厦、广州小蛮腰等多地的地标性户外大屏。

叶修的影响力丝毫不亚于当红明星，在粉丝经济的强势推动下，其吸金能力超强。截至目前，叶修代言了包括中国银行、麦当劳、美年达、旁氏、清扬、伊利等在内的 9 个实体品牌，商业版图横跨食品、快消品、金融等领域。

阅文集团负责 IP 运营开发的负责人曾表示，叶修为阅文集团带来了可观的营收："如果把目前开发的'叶修'相关产品，以及他代言的品牌价值放到一起来看，叶修的商业价值超过 10 亿人民币。"

次世文化打造的虚拟偶像翎 Ling 与特斯拉、奈雪的茶、Keep 等顶级品牌合作，商业代言费破百万，而这位兼具国风气质和时尚潮流感的偶像，诞生于 2020 年 5 月，出道还不到 2 年；2021 年 6 月 12 日，虚拟偶像团体 A-SOUL 所属艺人"向晚大魔王"在 B 站开启了生日会直播，并在当晚的直播中获得了 6 000 位以上的单日充值舰长数量，单日吸金 125 万元；重庆文旅将邓丽君虚拟人带到洪崖洞，推出全息 MR 互动音乐秀《寻找邓丽君》，成为地标式节目和"票房保障";中科深智的虚拟主播24小时不间断直播带货,出现在2 000多个淘宝直播间中;阿里巴巴也把虚拟艺人邀请到直播间,在淘宝和天猫直播间带货……虚拟偶像的超强吸金能力可见一斑。

数据显示,作为虚拟偶像的拥趸,年轻消费者很愿意为自己的偶像付费,且忠实度远超想象。艾媒咨询《2021中国虚拟偶像行业发展及网民调查研究报告》显示,年轻消费者愿意为虚拟偶像买单。受访者中有15.64%的人很熟悉虚拟偶像,61.27%的人听说过虚拟偶像,62.31%的人可能会购买虚拟偶像代言的商品,9.78%的人表示肯定会为虚拟偶像代言买单。同时,有80%的网民为虚拟偶像每月花费在1 000元以内,37.6%的网民表示愿意花更多的钱支持虚拟偶像——其月均花销紧随衣食住行的基础消费。

虚拟偶像具有不逊于真人偶像的影响力和商业价值。一方面是因为庞大的愿意买单的粉丝基础,另一方面是因为变现方式持续多样化:虚拟歌姬通过发单曲、出专辑、参加演出等实现变现;虚拟主播通过流量分成、直播打赏、商业推广等实现变现;虚拟网红在网络上分享穿搭、引领时尚,成为各大品牌的宠儿。不仅如此,虚拟偶像的各种衍生品也深受粉丝的喜爱,通过联名合作、游戏植入、用IP孵化App等,变现路径持续拓宽。

虚拟偶像成为虚拟数字人商业化的"引爆点"具有必然性。

首先,技术加持下的虚拟偶像,可以成为最直接的"消费符号"。虚拟偶像是由CG、AI、动作捕捉等技术制作,拥有固定形象、鲜明人设的数字化产品。技术可以赋予虚拟偶像近乎完美的形象,他们不会生病,也不会容颜衰老、身材走形,甚至可以不断优化形象,成为粉丝心中永恒存在的完美偶像。

其次,粉丝文化具有超强渗透力。以虚拟偶像为中心、能让粉丝产生参与感的"成长体系"、强大的IP支撑起的社群,其自发性传播的能力是其他圈层无可比拟的,可以轻松传递品牌理念、价值和产品。同时,通过强关系连接的社群、善于产出PUGC(用户生产+专业生产)与UGC的粉丝买单又可以稳固并扩大IP受众。

再次,相较于真人明星,虚拟偶像是"更易掌握的意见领袖",具有符合想象且不会崩塌的"人物设定"。偶像"塌房"是娱乐圈频发的问题,不仅吸烟、喝酒、耍大牌等会对偶像带来负面影响,恋情曝光、偷税漏税、代言商品出现问题等都可能成为其人设崩塌的原因。但虚拟偶像就不会有这种问题。虚拟偶像因粉丝的热爱而存在,只要粉丝的热爱一直在,虚拟偶像就会一直在。肯德基在某一时期的几个代言人就曾一再"人设崩塌",最终肯德基选择了一个不会"塌房"的合作伙伴——洛天依。相比真人偶像,虚拟偶像试错成本低,与品牌方的配合度更高。

最后,虚拟偶像具有更强大的商业延展能力。作为偶像IP,虚拟偶像从商业活动(代言、商演等)、直播带货、周边产品,到品牌联合,无一不是利润巨大的市场,且不受时间、空间影响。

因此,在高适用性、低风险的驱动下,由技术驱动的、不"塌房"的全能选手虚拟偶像,自然受到文娱行业的青睐,也成为虚拟数字人商业化的最佳爆点。

但虚拟数字人商业化过程中面临的挑战也不容忽视:深耕IP

运营，而非榨取 IP 价值，防止虚拟偶像快餐化、内卷化；克服成本压力，持续运营，精细运营；与粉丝保持互动，有效采纳社群意见；规范、精简合作环节，从而形成良性合作闭环。

第三节　破壁吸金，虚拟偶像的"造星"运动

提到虚拟偶像，一定不能绕过初音未来。这位扎着苍绿色双马尾、有着迷人笑容和清甜嗓音的"老牌歌手"一直都是无数宅男、宅女们的心头之爱，有着超高的人气和热度。凭借一首《甩葱歌》，初音未来成为目前世界上最有名的虚拟歌姬，也被歌迷称为"世界第一公主殿下"。或许正因为初音未来的成功直接推动了虚拟偶像产业的兴起和繁荣，此后各个国家的虚拟偶像不断涌现。

首个登上春晚舞台的虚拟歌手洛天依

如果说初音未来是虚拟偶像的鼻祖，那么洛天依绝对称得上是中国虚拟偶像"一姐"。根据洛天依的微博简介，她是 Vsinger 旗下的虚拟歌手。自 2012 年出道以来，一直牢牢吸引着年轻群体，目前其微博粉丝量达到了惊人的 510 多万。

对于很多二次元爱好者来说，没有什么比初音未来与洛天依同台更具吸引力的了，两人的同台也是许多粉丝的梦想。而在 2019

年的BMLVR（由B站主办的线下演唱会）上，这一梦想变为了现实。在充满科技感的舞台上，初音未来与洛天依同台献唱，此外，深受粉丝喜爱的B站"站娘"22和33也进行了歌曲表演。B站对演唱会进行了同步直播，观看人气值直逼700万。

在演唱会现场，观众跟随着音乐挥舞着荧光棒，并随着节奏呐喊。放眼望去，不少观众都穿着印有二次元少女形象的文化衫，戴着应援头巾，兴奋地为自己的偶像呐喊。这幅景象完全不亚于一线明星的演唱会现场。而人们所追逐的偶像，就是舞台中央的虚拟数字人的身影。

2021年除夕，洛天依登上央视春晚舞台，与王源和月亮姐姐共同出演节目《听我说》，在短时间内就冲上微博热搜，虚拟偶像终于"出圈"，进入主流视野。

很多人并不理解为什么这些人会在虚拟偶像身上倾注这么多的热情，认为这些人分不清虚幻和现实，但事实并非如此。粉丝在喜爱的虚拟偶像身上倾注了自己的热爱，不断通过创作丰富的有关虚拟偶像的内容，最终让其成为现实的一部分。这是一种偶像养成的方式，不是虚拟偶像通过自己的努力吸引粉丝，而是粉丝通过自己的努力，把自己喜爱的虚拟偶像推上"偶像"的位置。

这也是为什么洛天依能够成为真正的偶像的原因。洛天依于2012年7月12日出道，在诞生之初，洛天依的年龄只有15岁，灰发、绿瞳、身高1.56米，但随着大量粉丝创作的出现，洛天依的形象也不断丰满，除了外部形象外，还有了更丰富的人物性格。粉丝们为她写歌、绘画、制作MMD（MikuMikuDance，一种三维动画），在洛天依上万首原创歌曲中，90%的曲目来自网友的创作。创作的过程就是不断为虚拟偶像赋予生命和"造星"的过程，只要粉丝不停创作，洛天依的形象就永远处于被不停建构的过程中。正是通过创作这种特殊的付出形式，粉丝将洛天依推上了虚拟偶像的位置。因此，与其说人们迷恋的是虚拟偶像，不如说人们相信的是自己的付出值得被喜爱，虚拟偶像则是这种付出的具象化呈现，并承担了这种荣誉和梦想。这种不断的付出和相互成就是虚拟偶像吸引粉丝的原因，相比现实偶像，粉丝们对虚拟偶像可能具有更大的容忍度，这也是粉丝为虚拟偶像持续消费的动力。

洛天依作为中国虚拟歌手的先行者，进行了很多挑战、实验，也因此实现了多个里程碑式的突破。2021年加入央视春晚，洛天依也为群星璀璨的春晚增加了一抹与众不同的亮色。在众多粉丝的支持下，洛天依持续出圈，她曾与京剧名家跨界合作演绎《但愿人长久》，与琵琶大师合作演出歌曲《茉莉花》，与当红明星共同表演少年歌舞《听我说》，与俄罗斯虚拟歌手共同演唱歌曲《出发向未来》。除了在表演领域跨界合作外，洛天依还接下了多个品牌的代言，并走进了淘宝直播间。

期待集结了现代科技和中国古典美学的她走向更广阔的未来！

估值超1亿美元的"空气博主"——Miquela

美国的Miquela是一名活跃在知名社交媒体Instagram（以下简称Ins）上的虚拟博主，是Brud公司设计的虚拟网红。Miquela的定位是"Z世代潮流引领者"。截至2021年10月,她的Ins粉丝数量达到306.8万,是名副其实的大网红。

任何虚拟偶像都必须有人设、有科技感,还得有人情味儿。Miquela的人设是19岁的巴西和西班牙混血少女,长居洛杉矶,职业是音乐人、模特。2016年4月23日,Miquela在Ins发布了她的第一张照片——身穿一件粉红毛绒背心,配文是一串"拟人化"的表情符号,单从外貌上看,很难分辨出她是否是真人。此后,Miquela的每一张发布在Ins上的照片,都是按照美国Z世代的立场、偏好设计好的。虽然Miquela是通过CGI(Computer Generation Image,计算机合成图像)技术合成的虚拟偶像,但她像真人一样活跃在社交媒体上。根据网红营销平台CreatorIQ统计的数据,Miquela的账号粉丝互动率在2.54%左右,比普通网红的互动率要高出3倍多。粉丝中女性占比高达73%,年龄集中在18—24岁(占58%),粉丝的兴趣偏向影视、时尚和音乐。

和日本的初音未来、中国的洛天依不同,美国的Miquela的形象完全是写实的,她的脸颊布满雀斑,拥有小麦色肌肤、齐刘海、丸子头,这些成为她极具辨识度的个人标志。她经常身着各种时尚大牌或者街头潮牌的服装,喜欢在Ins上"炫富",年轻、时尚又有点神秘感,深得年轻人喜欢。Miquela身兼多职,歌手、演员、模特、网红博主,等等,她不断接到时尚品牌的广告邀约,经常发布单曲,偶尔还会和音乐圈的知名人物合影,也会在Ins上回复粉丝的私信。

Miquela能够吸引众多粉丝的重要原因,并不仅仅在于她极具话题性的虚拟人物形象，还有背后成功的社交媒体运营，她被赋予了人的情感与意识，她有恋爱史和分手经历，还热衷于在社交媒体上发表对热点社会事件的看法，涉及种族平权、女权主义、控枪问题，等等，通过引起话题讨论，甚至争议，从而迅速吸粉。不仅如此，她还是一名引领审美和时尚消费的时尚达人，出席过巴黎时装周。虽然她是虚拟的，但粉丝是真实的，这也让大量品牌看到了她的商业价值。和 Miquela 合作过的品牌包括 Buberry（巴宝莉）、CHANEL（香奈尔）、Prada（普拉达）、Supreme（苏博瑞）、Calvin Klein（简称 CK）、Vans（范斯）等，多数是一线时装品牌。2019 年 7 月，Miquela 还成为三星手机在美国的 4 位代言人之一。作为音乐人，Miquela 发布首支单曲 *Not Mine*，当月就在 Spotify 的热门榜单上排名第 8 位，她还与知名音乐制作人 Baauer 合作单曲 *Hate Me*，也大获成功。她的形象经常出现在各大媒体、时尚杂志上，在时尚圈混得风生水起，赚足了眼球。

和真人时尚博主相比，Miquela 是典型的"空气博主"，但她吸粉和互动的方式其实和真人没什么不同，主要是在社交媒体和时尚活动上，传递自己对审美和时尚的见解。但最大的不同是，对于品牌方而言，选用虚拟偶像做代言人，比真人明星更安全、更可控，他们还能做真人做不到的动作炫技。

2020 年 5 月，Miquela 和经纪公司 CAA 完成签约，这也是 CAA 签约的第一位虚拟艺人。CAA 称将会和 Miquela 在电视、电影、商业领域展开全面合作。

游戏 IP 与虚拟偶像梦幻联动

2020年10月，在国民游戏《王者荣耀》5周年之际，一首暖心歌曲《与梦同行》在QQ音乐、酷狗音乐等平台上线。5位人气男神用动人的歌声表达情感，以音乐为纽带，连接现实世界和缤纷多彩的峡谷宇宙。《与梦同行》的演唱者正是《王者荣耀》打造的超人气虚拟偶像团体"无限王者团"。

无限王者团来源于《王者荣耀》男团计划，由5位存在于《王者荣耀》平行宇宙的英雄云、亮、白、信、守约组成。无限王者团以"唤醒我，唤醒无限可能"为口号，架起了一座与玩家沟通的桥梁。

《王者荣耀》是当代年轻群体熟知的IP符号。虚拟偶像无限王者团的诞生，既抓住了虚拟偶像火热发展的风口，也扩张了《王者荣耀》的IP体系。

成团至今，无限王者团推出了诸多深受粉丝喜爱的歌曲，如在刚出道时发布的单曲 Wake Me Up、在《王者荣耀》4周年时发布的主题曲《千灯之约》、在《王者荣耀》冬季冠军杯期间发布的主题曲《王者意志》等。除了活跃于娱乐圈，无限王者团也进军时尚圈与《瑞丽》杂志合作，并在《王者荣耀》5周年之际在线下音乐会上与真人明星跨次元演唱了歌曲《镜城》。这个虚拟偶像团体似乎已打破次元壁，像真实的男团一样，在发布新单曲的同时不断探索新的舞台。无限王者团正在打造一个跨越多个IP圈层的娱乐生态，展示了无限潜力。

和洛天依、初音未来等虚拟歌手不同，无限王者团是游戏IP的衍生，因此在出道的路径上也有所不同。无限王者团既脱胎于《王者荣耀》整体IP，又具有一定的独立性，其IP裂变的过程能够进一步为游戏吸引新用户、唤起用户情感、挖掘用户的多重可能性。无限王者团的制作团队以圈层裂变为目标，深度挖掘无限王者团的更多价值，并摸索出了一条成功的虚拟偶像打造路径。

除了《王者荣耀》外，《英雄联盟》《阴阳师》等游戏也都制订了自己的虚拟偶像计划，希望能够进入虚拟偶像的赛道，以游戏角色的虚拟偶像化延长游戏的生命周期，同时通过虚拟偶像与游戏的结合建立新的商业链条。无限王者团的成功表明了虚拟偶像与游戏结合的可行性和广阔前景，而未来随着越来越多的游戏在虚拟偶像领域的布局，虚拟偶像与游戏的结合也将越来越紧密。

分身有术，明星扎堆推出自己的虚拟形象

由于饭圈文化受到诟病，品牌营销领域也越来越关注虚拟偶像的潜力。2020年8月，天猫官宣了新的品牌代言人，这个新代言人的身份非常"特殊"。

"从今天起，天猫双代言人千玺&千喵将一同为大家开启一个年轻基地——天猫LXSH（理想生活）平行世界……"根据天猫宣传，这一次代言天猫的是"00后"顶流明星易烊千玺的首个个人虚拟形象，名叫"千喵"，这也是天猫首位虚拟代言人。

品牌年轻化一直是营销中的一种集体共识，虚拟偶像成为品牌年轻化的话语体系之一。尤其是随着"95后"逐步成为消费主力军,天猫全新的虚拟代言方式也代表了它与年轻消费群体沟通方式的全新升级。而明星也借势开启全新的明星营销时代,作为明星的"虚拟分身",虚拟形象在动漫、游戏等二次元领域具有天然优势,可以开展跨界营销、产品植入等。

明星推出自己的虚拟形象并非个例。早在2018年,迪丽热巴就推出了个人虚拟形象"迪丽冷巴",红极一时,当时作为某糖果品牌代言人,"迪丽冷巴"专门"拍摄"了一支名为《木偶奇缘》的动画广告。2020年某卫视跨年晚会上,黄子韬携手虚拟偶像人物"韬斯曼",打破次元壁,上演了一出激动人心的舞蹈秀。除此之外,明星的虚拟形象还有以刘涛为原型的"刘一刀"、以蔡明为原型的"菜菜子Nanako"、以杜海涛为原型的"涛涛熊"、以黄渤为原型的"黄逗菌",等等。在华语乐坛风靡一时的周杰伦,其虚拟形象也在一款游戏中登场,并拥有专属语音包,成为玩家们使用频率较高的角色。

尽管如此,明星的虚拟形象目前还并不成熟。一般而言,明星虚拟偶像大致可以分为两种形式:一种是以品牌方为主导,例如天猫和易烊千玺合作的千喵、Dior(迪奥)为Angelababy(杨颖)定制的虚拟形象Angela3.0,这些虚拟形象一般以项目制的消费为主,项目结束,虚拟形象就结束了生命周期;还有一种是以明星团队为主导,作为全新IP进行商业化运营,除了品牌代言,一般还会推出水杯、充电宝、服饰等周边产品,增强粉丝粘性。但由于与真人有冲突、持续的技术投入、运营跟不上等原因,明星的虚拟形象并没有迎来高光时刻。而随着元宇宙生态的逐步完善，真人明星的虚拟形象依然有很大的市场潜力。

治愈系邻家小妹——阿喜

2020年10月，一个名为"阿喜Angie"的跨次元数字少女走红网络，在发布了8个视频后，粉丝数突破18万，截至2022年2月，其粉丝数已超过27万，成为一名虚拟网红KOL。

阿喜有着健康红润的皮肤、清澈的眼睛和柔顺的短发，是十分普通的年轻女孩形象，其抖音作品也十分普通，如记录卷刘海、吃苹果、站在海边吹风等日常。与众不同的是，阿喜并不是真人，而是基于CG技术打造出来的虚拟偶像。其一上线就受到了粉丝的追捧，仅仅是一个顶着卷发器做表情的视频，就获得了超过24万的点赞和数千条评论，获得了让许多真人网红MCN机构都艳羡的成绩。

也许有人会好奇，为什么身为数字人的阿喜仅仅通过发布抖音作品就能够吸粉无数？细细分析其作品，我们便能够了解阿喜的魅力。

虽然阿喜并不是真人，但她和普通女孩一样灵动活泼。她会在做头发时做出可爱的小动作，在炎热的夏季吹电扇、喝饮料。通过阿喜分享的这些日常，粉丝能够感受到她的可爱以及生活的恬淡。阿喜拥有一众"真爱粉"，他们称她为"崽""妹妹"等，并经常在评论区表示"阿喜真可爱""被治愈了"。对于阿喜的粉丝而言，阿喜能够让他们在焦虑、压抑的生活中感受生活的美好，给予他们精神的慰藉。

虚拟偶像代表新的娱乐形态么

随着时间的推移和技术的进步，初音未来、洛天依等二次元虚拟偶像开始逐步向超写实虚拟偶像快速迭代，虚拟偶像的发展路径不断被拓宽，新兴的虚拟偶像不断出现和火爆出圈，被越来越多的人所关注。那么，为什么虚拟偶像能够火爆出圈？他们的火热能否代表一种新的娱乐形态？

每个人心中都有一个完美的人设，但现实中的人却难以做到这种完美，而虚拟偶像在很大程度上满足了人们对美的追求：虚拟偶像面容姣好、活泼可爱，更接近人们对外在形象的完美想象。所以无论是中国的洛天依，还是美国的 Miquela，虚拟偶像运营公司一般都会从特定人设出发，通过制造一些话题或活动，吸引粉丝进行创作和养成，在提升粉丝黏性的同时吸引新的粉丝。此外，从受众方面来看，偶像明星的虚拟分身本身就是知名 IP，在诞生之初就拥有了庞大的粉丝基础。除了外在形象，虚拟偶像也有专业的业务能力，唱跳俱佳，才艺技能满点，在技术的加持下，还能实现真人无法完成的动作和视觉效果，更容易获得粉丝的喜爱。

从根本上来说，虚拟偶像的发展与年轻人对其的追捧有很大关系。当代年轻人是伴随着互联网的兴起成长起来的，更愿意主动接触新兴事物。虚拟偶像诞生于互联网，与年轻人的成长环境相同，更容易受到年轻人的喜爱。同时，年轻人热衷于参与到偶像的成长过程中，而虚拟偶像就是一个很好的提供参与感、让年轻人获得认同和心理满足的载体。虚拟偶像会在粉丝的反馈、创作中成长，最终成为粉丝眼中的"完美偶像"，而粉丝能够在这一过程中得到积极的心理反馈，从而形成双方共赢的良性循环。

近年来，越来越多的企业推出虚拟偶像作为代言人，就是为了能够更好地连接年轻消费者，传递企业精神和品牌内核。同时，在粉丝参与虚拟偶像成长的过程中，其对虚拟偶像的了解和情感也会一步步加深，最终加深对企业品牌的认知。

此外，相比真人明星代言人，虚拟偶像对品牌来说更加经济实惠。市场中，流量明星的年代言费在百万到千万不等，长期请真人明星代言，对于企业来说是一笔不小的花销，而虚拟偶像一旦被创造出来后就能够长期使用，打造虚拟偶像的确需要一笔开销，但即使加上后续的运营成本，其总价格也往往低于流量明星代言的费用。虚拟偶像不仅能够满足年轻人的精神需求，还能够满足企业引流、品牌宣传的需求。在年轻人的追捧和企业的发力下，虚拟偶像的破圈发展成为必然趋势。

但是，与真人明星相比，现阶段虚拟偶像对于粉丝的吸引力明显较为薄弱，例如洛天依在微博上拥有500余万粉丝，与真人明星动辄上千万的粉丝量相比，这个量级还是比较小。

而在未来，随着元宇宙的成熟，虚拟偶像、虚拟品牌和每个人的虚拟分身将更加紧密联系在一起，在那个虚拟与现实混合的世界里，娱乐形态将与当前的娱乐形态大相径庭。

第四章

场景应用，千树万树梨花开

人们目前使用的手机并非最理想的互动工具，元宇宙能提供更逼真、身临其境的互动体验。

Meta 创始人兼 CEO　扎克伯格

虚拟偶像革新了文娱产业，而游戏往往被认为是元宇宙的最佳载体。原本应用在 3D 游戏领域的虚幻引擎开始应用在更多的内容场景，极大地提高了虚拟数字人和虚拟场景的制作效率，降低了制作成本。虚拟数字人的应用领域正从文娱、游戏逐步拓展到传媒、电商、金融、医疗、教育等，在虚拟世界里创造了许许多多个性鲜明的虚拟角色，他们有着不同的定位和分工，更强调互动性。爱好二次元的 Z 世代追捧虚拟偶像，传媒行业和电商行业热捧虚拟主播，许多企业则推出了数字员工或虚拟形象代言人。此外，虚拟演唱会、虚拟毕业典礼等也屡见不鲜。

不仅如此，人们除了可以是虚拟数字人的消费者，还可以是虚拟数字人的创造者，很多个人也对虚拟形象有着强烈的渴求。很多人都喜欢玩模拟人生的游戏，在虚拟世界中为虚拟身份换上各种装扮，在游戏中体验不同人生，这些都体现了人们对虚拟身份的追求。在那个虚拟世界里，潜藏着人们最真实、最理想的自我。

第一节　小游戏，大宇宙

　　游戏几乎成为巨头们进入元宇宙赛道的必选项。游戏中存在各种各样的虚拟场景，玩家们可以自定义虚拟分身形象，除了玩游戏，还可以社交、互相交易数字资产、有相对独立的经济系统和文明体系，有一种自成体系的虚拟生活。

　　早在2003年，*Second Life*作为第一个现象级的虚拟游戏，曾经火爆全球，如今我们依然可以视之为元宇宙的雏形。游戏的玩家就是虚拟世界里的"居民"，玩家可以在其中社交、购物、建造或者经商，等等。*Second Life*拥有编辑"世界"的功能，并发行虚拟代币林登币（Linden Dollar），林登币可以和美元进行双向兑换，在游戏世界里可以消耗林登币，也可以挣林登币，吸引了大量的个人和企业入驻。在Twitter诞生前，BBC（英国广播公司）、路透社、CNN（美国有限电视新闻网）等甚至将*Second Life*作为信息发布平台，IBM（国际商用机器公司）曾在游戏中购买过地产，建立自己的销售中心，瑞典等国家在游戏中建立了自己的大使馆，西班牙的政党在游戏中进行辩论。①

2021年3月10日,号称"元宇宙第一股"的美国游戏公司Roblox在美国上市,上市当天涨幅达54%,此后最高市值一度超过500亿美元;4月12日,英伟达CEO黄仁勋宣布布局元宇宙业务;4月13日,美国游戏开发商Epic Games宣布获得10亿美元融资,并将用于元宇宙业务开发,估值达到287亿美元;4月20日,字节跳动投资"中国版Roblox"代码乾坤近亿元。一时间,元宇宙游戏爆火。

我们不妨先来看看当前的游戏市场情况。

根据《2020年中国游戏产业报告》,②2020年中国游戏市场实际销售收入达到2 786.87亿元,其中,移动游戏市场占比达到75.24%,客户端游戏市场占比为20.07%,占据游戏市场主要份额。此外,游戏用户总规模达到6.65亿,其中移动游戏用户规模达6.54亿,占比达到98.3%。而随着5G商用、5G手机在中国市场上的普及,以及云计算、VR等产业加速演进,报告预测云游戏、电子竞技、VR游戏等将迎来快速发展期,具有相当大的发展潜力。

此外,根据《中国云游戏市场趋势报告》,③中国到2023年将成为全球使用5G智能手机数量最多的国家,9.13亿活跃智能手机将支持5G,占全球智能手机总数的43.1%。2020年和2021年中国云游戏市场收入分别为0.68亿美元、2.79亿美元,2022年和2023年

---

① 相春艳,张植禾,张晓青. Web 3.0与知识传播 [J].《现代传播(中国传媒大学学报)》,2019,(10):145-146.
② 由中国音像与数字出版协会游戏工作委员会于2020年12月17日发布。
③ 2021年4月由Newzoo与腾讯研究院联合发布。

收入预计为 5.39 亿美元及 8.8 亿美元，年收入复合增长率（CAGR）将达到 135%，呈现出强劲、持久的增长趋势，高于全球平均水平（图 4.1）。

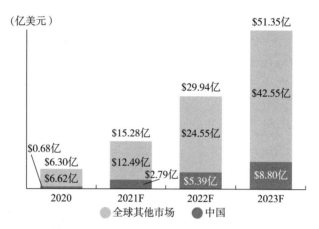

图 4.1　2020—2023 全球云游戏市场预测

资料来源：《中国云游戏市场趋势报告》

确保云游戏体验流畅需要 5 项核心技术：GPU（Graphics Processing Unit，图形处理器）技术、虚拟化技术和音视频编解码加速、高带宽和低时延的 5G 技术以及边缘节点计算。云游戏被认为是最接近元宇宙概念的游戏形态，也是元宇宙游戏的必经之路，目前云游戏正处在加速发展阶段。

但由于元宇宙对 AI 算力、网络传输、内容创作以及经济体系等有着更高的要求，我们可以判断，真正的元宇宙游戏落地还需要很长时间。

元宇宙第一股——Roblox

2021年3月，美国游戏公司Roblox首次把元宇宙写进了招股书，头顶"元宇宙第一股"的标签上市后，其市值一路飙升，最高时甚至超过500亿美元，但很快又经历了过山车。早在2020年初，腾讯就参与了Roblox 1.5亿美元的G轮融资，并获得了其产品在中国区发行的独家代理权。

Roblox公司创立于2004年，目前是世界上最大的UGC游戏平台，其公司名"Roblox"是一个由机器人（Robots）和方块（Blocks）合并而来的新词。Roblox在招股书中写道："有些人将我们的行业称为'Metaverse'，该术语通常用于描述虚拟世界中持久的、共享的3D虚拟空间的概念。30多年前未来学家和科幻小说作者已经描绘了一个有关Metaverse的蓝图。随着功能越来越强大的计算设备、云计算和高带宽互联网连接的出现，Metaverse的概念正在逐渐成为现实。"

Roblox公司本质上是一家云游戏公司，是一款集游戏创作和大型社区的互动平台。公司自身不做游戏，但提供工具和平台供开发者创作游戏，构建了玩家、创作者多维交互的生态，拥有庞大的年轻用户群体和丰富的内容，甚至被戏称为"小学生的精神家园"，因为其16岁以下青少年群体占比高达67%。通过并购社交公司，Roblox公司希望进一步打通游戏和社交的边界。

Roblox已有超800万的开发者和创作者，共发布了超过4 000万个游戏。2021年第三季度营收达5.09亿美元，日活跃用户

（DAU）达到4 730万人。在这个游戏平台的虚拟世界中，用户可在平台上自由创建游戏，自行开发内容，可以自由地创建不同的虚拟形象，体验多样的游戏人生。每个玩家拥有自己独立的虚拟身份和虚拟货币，虚拟货币可以与实际的货币进行双向互换。

Roblox已经取得了极大的成功，它的成功可以归功于以下3个因素。

1. 云游戏降低用户门槛，为用户提供提供沉浸感体验

Roblox通过云游戏极大地降低了年轻用户的进入门槛，所有游戏都可以不用安装直接在线玩，极大地降低了用户的游戏设备成本，快速扩大用户基数。同时通过设置自己的第二身份（虚拟形象）为用户带来更多沉浸感体验，用户还可以购买好看的道具、服装等来装扮自己（图4.2）。

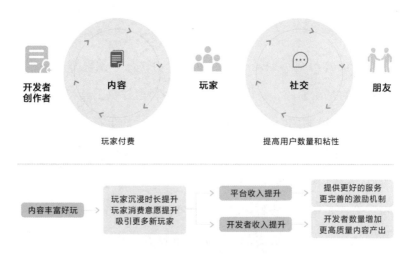

图4.2　Roblox商业模式

2. 自循环经济系统保障创作激励

Roblox 有一套完整、稳定的经济系统，覆盖内容创作与消费。其经济系统建立在一种名为 Robux 的货币上，用户可以从其他 Roblox 用户处或 Roblox 网站中购买 Robux。Roblox 支持多种支付方式，和亚马逊、苹果、Epay、PayPal 等公司均达成了合作。用户可以使用 Robux 购买游戏和道具，也可以将赢得的 Robux 换成现实货币。

3. 生态系统：内容创作和社交效应叠加

Roblox 平台搭建了较为完整的生态系统，将生产者跟消费者连接在一起，主要由 Roblox Client（用户端）、Roblox Studio（开发端）和 Roblox Cloud（云端，为平台提供服务和基础架构）3 个部分组成。其中开发者可以利用 Roblox Studio 工具集为玩家打造个性化游戏，在地图、剧情、玩法等方面都可以进行深度设计。同时，创作者或开发者通过游戏创作获得收入。根据 2021 年第三季度财报，Roblox 平台的开发者和创作者赚取了共 1.3 亿美元，全年收入超 5 亿美元。

此外，Roblox 的内容从游戏向更多娱乐内容扩展。2021 年 8 月，唱片公司 BMG 的说唱歌手 KSI 在 Roblox 举办了虚拟演唱会，访问量达 1 700 万次。随后，曾获格莱美"最佳流行组合/合作奖"的二十一名飞行员（Twenty One Pilots）组合也在 Roblox 举行了虚拟演唱会，吸引了超过 160 个国家的用户总计 100 万小时的观看，同时大约 1 400 万用户购买了组合的虚拟周边。

11月，NIKE（耐克）也紧随其后，按照其总部的外形在Roblox建立了一个"新总部"，并命名为NIKELAND（耐克乐园），向所有用户免费开放。在Roblox中，用户可以玩游戏，还可以用NIKE虚拟产品装扮虚拟形象，未来还可以模拟体验全球经典比赛。

Roblox第三季度还与流媒体奈飞（Netflix）展开合作，在虚拟世界中播放动漫《爆丸》。这部动漫在Roblox平台的用户月访问量超过250万。

Roblox激发了人们对元宇宙的想象，使人们有兴趣在虚拟游戏世界中观看更多娱乐内容以及进行社交活动，但游戏玩法远不止于此。

Epic Games和堡垒之夜

Epic Games称得上是游戏行业的天花板。这家创办于1991年的公司自我定位为一家领先的互动娱乐公司和3D引擎技术提供商。Epic Games拥有三大法宝：《堡垒之夜》、虚幻引擎和游戏商店。《堡垒之夜》在2018年至2019年为Epic Games创造了高达90亿美元的收入。虚幻引擎是目前最流行的两个3D游戏开发引擎之一，另一个是Unity。Epic Games通过虚幻引擎、商店和在线服务打造了一个端对端的数字化生态系统，供开发者和创作者构建、分销和运营游戏及其他内容。[1]

---

[1] 参见国海证券发布的《元宇宙行业深度报告：下一代互联网前瞻》，作者为姚蕾、谭瑞峤。

Epic Games 在 2021 年 4 月宣布获得 10 亿美元融资，将用于元宇宙业务开发，估值达到 287 亿美元。而此前腾讯曾在 2012 年以 3.3 亿美元买入 Epic Games 48.4% 的股权。创始人兼 CEO 蒂姆·斯威尼（Tim Sweeney）对外称："很感激新老投资者支持 Epic Games 打造元宇宙的愿景。这笔融资将会加速《堡垒之夜》《火箭联盟》《糖豆人：终极淘汰赛》的社交体验打造，同时赋能游戏开发者使用虚幻引擎、Epic Games 在线服务和 Epic Games 商店。"

相比 Roblox 的沙盒游戏，Epic Games 的 3D 游戏显然更接近元宇宙。

《堡垒之夜》是历史上第一个跨平台游戏，而且是免费游戏，玩游戏不需要付费，但是购买道具需要付费。所有游戏平台都是打通的，不同平台的玩家可以一起玩。2020 年 5 月，《堡垒之夜》的注册玩家数量已经超过了 3.5 亿，关联好友达到 25 亿，总游戏时间超过 32 亿小时，排名世界第一。

越来越多的用户加入《堡垒之夜》，不是为了玩游戏，而是为了社交。很多青少年在《堡垒之夜》上与朋友交谈，谈论各种各样的话题。他们不把《堡垒之夜》当作游戏，而是看作一个社交软件，甚至是一个和现实世界平行的虚拟世界。在这个虚拟世界里，人们和在真实世界里一样生活着，进行各种各样的活动。

2019 年 2 月，棉花糖乐队（Marshmello）在《堡垒之夜》上举办了第一场现场音乐会，据统计有近 1 000 万人观看了这场音乐会。

2019 年 4 月，漫威的《复仇者联盟 4：终局之战》在《堡垒之夜》提供了一种新的游戏模式，玩家扮演复仇者联盟英雄，与灭霸作战。

当然，最为知名的还属美国饶舌歌手特拉维斯·斯科特（Travis Scott）的演唱会。2020年4月，斯科特用其虚拟身份在《堡垒之夜》上举办了一场特殊的虚拟演唱会，最终吸引了1 200多万名玩家参与，使他们沉浸式地体验了这场激动人心的奇异之旅。

演唱会开场前，斯科特化身"巨人"，如同"天外来客"般从宇宙中"砸进"会场，场面十分壮观。随即，极光、星空、烟花等各种元素相互交织，在不断变幻的绚丽场景中，演唱会正式开场。

随着演唱会的进行，场景再次发生骤变，玩家们或在星火燎原的地上奔跑，或猛然沉入海底，之后又在尖叫中被抛入外太空。在不断变幻的场景中，伴随着动感的音乐，人们得到了视觉与听觉的双重享受。最终，在所有曲目演唱结束后，空中漂浮的球体猛然爆炸，演唱会也在玩家的欢呼声中落下帷幕。

1 200万人在"现场"同时观看一场演唱会，这个天马行空的想法在线下场景中不可能实现。但是在《堡垒之夜》中，游戏发行商Epic Games就缔造了这样一场奇观。这次虚拟演唱会让《堡垒之夜》成功出圈，其推出的周边也受到了人们的争相抢购。

除了娱乐活动，《堡垒之夜》同样具有类似Roblox的经济系统。玩家可以创建数码服装或表情，然后出售获利，还可以在《堡垒之夜》里创建自己的游戏或情节，邀请其他人来玩。并且，真实世界的活动还可以照搬到《堡垒之夜》，比如你可以在《堡垒之夜》中举行婚礼或毕业典礼，邀请朋友们参加。

无论是Roblox，还是《堡垒之夜》，在聚集了大量的游戏玩家之后,无一例外都通过社交和虚拟货币进行进一步的变现,维系更紧密的用户关系。《堡垒之夜》可以被看作是元宇宙的雏形,它已经不完全是游戏,而是越来越注重社交性,演变成一个人们可以使用虚拟分身进行互动的社交空间。

可以预见,基于人们对游戏、社交和娱乐等的需求,游戏将赋予玩家新奇的虚拟场所、多元的文化体验,但这不仅仅是一款游戏,更是一种文化现象、一种社交网络。

第二节 虚拟主播成为新宠儿

在电影《西蒙妮》中,人们曾描绘过虚拟主播的理想形态:"她是一个由计算机虚拟合成的、高度逼真的三维动画人物。她美得令人无法拒绝,一言一行都与真人一样,并可以完成一切表演、播报,且不会有任何绯闻,是完美的代言人。"

随着智能手机、短视频和人工智能技术的广泛应用,传媒产业及新闻资讯行业作为数字化程度最高的行业之一,正在进入智能化、个性化、视听一体化的快速发展阶段。而随着元宇宙的火热,在国家政策的推动下,虚拟主播也迎来了高速发展期。作为虚拟数字人在传媒领域应用的新形态,虚拟主播拥有很多传统主播所不具备的优势,已经成为最热门、最成熟的应用之一,成为传媒领域各机构争相研发的"宠儿"。

虚拟主播主要分为两种：一种是二次元虚拟主播，风靡于日本、中国等地，有独特人设和内容更新，活跃于YouTube、B站等新媒体平台，通过直播以及为各大游戏厂商代言等途径变现；另一种是虚拟主持人，当前国内大多数主流传媒机构，如新华社、央视、湖南卫视等都推出了虚拟主持人。新华社推出了虚拟主播"新小微"、央视推出了撒贝宁的数字孪生兄弟"小小撒"、湖南卫视推出了虚拟实习生"小漾"、央视新闻推出了冬奥会AI手语主播……这些虚拟主播可以自动完成播报或与观众互动。

2021年10月20日，国家广播电视总局（简称"广电"）网站发布了《广播电视和网络视听"十四五"科技发展规划》（简称《规划》）。《规划》提到：推动虚拟主播、动画手语广泛应用于新闻播报、天气预报、综艺科教等节目生产，创新节目形态，提高制播效率和智能化水平。虚拟主播是融媒体技术的重要应用，成为各大媒体的重要竞争领域。

实践证明，虚拟主播凭借专业技能及深厚的内容积累收获了良好的口碑，比如湖南卫视人气主播小漾、京东电商主播VIVI、报道两会的央视主播小C及针对弱势群体服务的搜狗小聪都获得了不错的成绩。

《2021年度中国虚拟数字人影响力指数报告》显示，总分排名前10位的虚拟主播分别是：湖南卫视小漾、科大讯飞爱加、京东电商主播VIVI、央视新科娘、搜狐手语主播小聪、新华社数字记者小净、央视主播小C、北京广播电视台主播时间小妮、人民日报社主播果果、搜狗新闻主播柳岩（图4.3）。

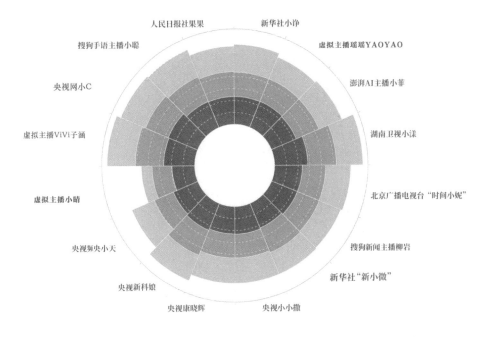

图4.3 虚拟主播影响力玫瑰图

资料来源：《2021年度中国虚拟数字人影响力指数报告》

报告在结论中强调，目前媒体的虚拟主播技术借力多、自主少，需要关注、提升。"同质化竞争"是虚拟主播的重要挑战，无论是专业媒体经营，还是企业或者个人运营，虚拟主播的主持、直播功能雷同，要突出重围则需要更强的内容策划和运营能力。

事实上，虚拟主播的兴起并不是最近才开始的，早在2001年，史上第一位虚拟主播阿娜诺娃（Ananova）就诞生了。CNN将其描述为"一个可播报新闻、体育、天气等的虚拟播音员，堪比一个真实的、有血有肉的主播。"

作为全球第一个虚拟主播,阿娜诺娃是一个只有头部动画、表情略显僵硬的 2D 虚拟人物,但她可以根据新闻脚本快速制作视频,并且可以 24 小时持续播报新闻,凭借这些优势,阿娜诺娃瞬间吸引了人们的关注,也使得全球刮起了一阵打造虚拟主播的飓风。但这股飓风只持续了 4 年时间。随后,使用虚拟主播的节目开始重新使用真人主播,阿娜诺娃也退出了历史舞台。

十几年后,当一位自称"超级 AI"的虚拟主播绊爱在 YouTube 上亮相时,谁都没想到,她会成为照亮虚拟主播未来发展的曙光。与早期虚拟主播不同,绊爱是由真人扮演的。在建好绊爱的模型后,由真人利用动作捕捉设备控制绊爱的面部动态表情及动作,并由声优进行配音及对口型,从而进行直播或录制视频。

相比早期的虚拟主播,绊爱并不像真人,而是一个二次元形象。借助人工智能、语音识别(ASR)等更先进的技术,在语音、动作等的表现和播报状态上,绊爱明显比早期的虚拟主播更胜一筹,极大地提高了播报质量,吸引了众多粉丝,甚至从虚拟主播升级为虚拟偶像。以绊爱为代表的二次元虚拟主播除了继续经营直播主业之外,还纷纷开起了演唱会,为各品牌代言,进行多种多样的跨界合作,成为虚拟主播和虚拟偶像的跨界明星,发展之路大大拓宽。2018 年绊爱成为推广日本旅游的宣传大使。

绊爱的大火带动了一波虚拟主播热潮,Nekomasu、辉夜月、电脑少女 Siro、Mirai Akari 等虚拟主播,如雨后春笋般不断涌现,虚拟主播市场开始逐渐成形。

而 3D 虚拟主播也将走向全面智能化，除了在外表方面越来越接近真人之外，虚拟主播的声音也将越来越趋近真人的声音，目前已经有国外的公司正在利用人工智能技术合成更趋近于真人的语音。该语音系统具有演讲学习能力，能够更自然、更有情感地讲话，并不是将读音简单地机械重组，而这也为虚拟主播的真实语气发展推波助澜。我们可以期待，在外形改良和自然语音技术进步的趋势下，未来将会出现声形都更趋向于真实的虚拟主播。

虚拟主播走进电商直播间

对于喜欢二次元的小伙伴们来说，初音未来无疑是虚拟偶像的鼻祖之一。2020 年 6 月，初音未来正式宣布入驻淘宝直播，成为淘宝人生次元大使。基于强大的粉丝基础，初音未来可以说是"出道即巅峰"，人气爆棚，短短几天内就聚拢了接近 2 000 万的人气值。

初音未来入驻淘宝直播代表虚拟偶像进军电商直播领域的趋势，而初音未来的这一动作并不是个例。洛天依与淘宝主播李佳琦的同台直播曾冲上热搜，抖音美食类动画 IP "我是不白吃"也开始了直播卖货，通过"真人 + 虚拟 IP"的方式，销售零食类商品。虚拟主播带货成了 2020 年的热门营销关键词，他们的流量和带货能力完全不输真人明星，不仅丰富了电商直播内容，也开启了虚拟偶像运营的新商业模式。

虚拟偶像进军电商领域并不是偶然，而是体现了电商直播对新一代主播的需求。2020 年是电商直播全面发展的一年，观看直播也成为人们网上购物的标配。艾媒咨询发布的数据显示，2020年上半年，在其重点监测的电商直播平台中，活跃主播超44万名，直播超1 200万场，直播总时长超5 600万个小时，吸引消费者观看超500亿次。

电商直播覆盖的领域越来越广泛，火箭、房子等都出现在了直播间里。各大直播平台的头部主播火到出圈，带货价格同样水涨船高。尽管头部主播业绩光鲜，但其培养十分艰难：在平台和MCN成功孵化出一个头部主播的背后，往往付出了在成千上万个小主播身上投资失败的代价。

电商直播通常有两大目的：一是带货盈利，二是品牌推广。既然头部主播孵化不易，那么是不是还有其他选择呢？自带流量的虚拟偶像成了效果极佳的选择。与孵化真人主播需要倾注大量流量和资源不同，虚拟偶像自带流量，拥有坚实的粉丝基础，孵化早已完成，进入电商直播领域是水到渠成的事。

在用户转化方面，以虚拟偶像为主的虚拟主播瞄准消费能力强劲、愿意为偶像买单的二次元用户。只要选品得当，虚拟偶像通过直播带货吸引粉丝消费并不是一件难事。此外，相比真人主播，虚拟偶像在直播方面更具稳定性和持续性，也能够通过技术调整形象打造更好的直播效果。

除了虚拟偶像外，孵化自品牌形象的虚拟主播也越来越常见。自然堂、百雀羚、完美日记等品牌，都开始以"虚拟+真人"的双主播的方法布局店铺自播这个版块。而为了让虚拟主播更加真实、更加贴近消费者，许多品牌还会给她们取名字、打造人设。

完美日记就推出了虚拟主播 Stella。Stella 是一个有个性、懂美妆的可爱主播，在开播的时候还会和观众打招呼："哈喽，各位宝宝们，晚上好呀，我又来打工了，打工挣钱不容易，大伙儿多多支持。"这使得 Stella 的形象愈发鲜明生动。

而自然堂的"堂小美"则是一个贴心的消费小助理，她喜欢为消费者提供物美价廉的产品，每次介绍完产品后都会提醒消费者关注优惠券、购物津贴等福利。

这些虚拟主播能够根据观众的评论关键字作出相应的回复，比如消费者在评论中多次提到某款产品，虚拟主播就会根据消费者的需求详细介绍产品，并向消费者推荐产品受欢迎的颜色、介绍近期优惠活动等。

为什么越来越多的品牌开始在店铺自播中使用虚拟主播？很多潮流品牌的受众都是年轻群体，这些人崇拜初音未来、洛天依等虚拟偶像，对于虚拟主播也有较高的认同度，同时凌晨也是诸多"秃头星人"高度活跃的时间段。

虚拟主播身为真人主播的补充，能够在真人主播休息的时间段继续进行直播，形成店铺自播的常态化。如完美日记的虚拟主播通常在凌晨 0 点上线，并进行 9 个小时左右的直播，到早上真人主播即将开播时才会结束直播。二者形成了全天无缝对接的直播服务，这使得无论消费者什么时候进入直播间，都会有主播为其讲解产品、介绍优惠。

无论是虚拟偶像走进直播间，还是品牌推出虚拟主播，都表明了虚拟数字人在直播领域的应用已成趋势。作为电商直播的新势力，虚拟主播的带货能力不输真人主播，同时能够与真人主播合作，实现店铺的全天候直播。根据这些优势，我们可以预料到，未来虚拟主播在电商领域的应用将会走向常态化。

新华社推出多位虚拟新闻主播和数字记者

新华社作为我国国家通讯社和世界性通讯社，在虚拟主持人和虚拟偶像等方面产出颇丰，不断引领创新潮流。

"大家好，我叫新小微，是由新华社联合搜狗公司推出的全球首位 3D 版 AI 合成主播，我将为大家带来全新的新闻资讯体验。" 2020 年 5 月 22 日，全球首位 AI 合成的新闻主播"新小微"在"两会"召开期间在新华社客户端亮相播报，为严肃的"两会"带来不一样的感受。她能随时变换发型和服装，能够穿梭于不同虚拟场景中进行新闻播报，她不是真人，而是人工智能驱动的 3D 虚拟主播。

"新小微"是怎样诞生的？"新小微"以新华社记者赵琬微为原型，采用人工智能技术"克隆"而成。从外型上看，"新小微"高度还原了真人皮肤，具有酷似真人的形象，甚至连头发丝和毛孔都清晰可见，在立体感、灵活度、交互能力等方面，较此前的 2D 虚拟主播也有了大幅跃升。

目前大部分 3D 虚拟数字人都是靠真人驱动，而"新小微"依靠人工智能驱动，基于超写实 3D 数字人建模、多模态识别及生成、实时面部动作生成及驱动、迁移学习等多项人工智能技术，输入文本后,"新小微"便能够在人工智能的驱动下,生成语音、表情,流畅地进行播报。同时在人工智能的驱动下,"新小微"还能够进行功能的持续自我迭代。随着后期自我迭代,"新小微"的工作空间会更大,她将走出演播室,在更多的场景中以多样的形式呈现新闻。

2021年6月17日,神舟十二号载人飞船发射圆满成功,我国3位宇航员聂海胜、刘伯明、杨洪波在当日进入天和核心舱,而除了3位宇航员,中国空间站也迎来了一位特别的工作者——新华社数字记者、全球首位数字航天员小诤。

"小诤"的名字来自革命战争时期的王诤将军。她是新华社和腾讯NExT Studios联合打造的数字记者,与其他作为娱乐形象出现的虚拟形象不同,小诤是专门面向航天主题和场景研发的数字记者,她也肩负着相当艰巨的任务:现场报道载人航天工程、行星探测工程等国家重大航天项目。可以说小诤就是为了航天而生,她所代表的就是中国人民数千年来对无尽宇宙的向往之心。

除此之外,新华社还积极探索虚拟偶像。11月19日,新华社在微信公众号发布文章《你有一个来自"元宇宙"的好友申请!》,隆重推出虚拟偶像"热爱"(REAI),定位新华社首位虚拟网红。REAI是一位能歌善舞的国潮达人,将用数字技术带领大家领略千年中华文化。随即REAI还成为"奥林匹克公益宣传大使",并与顶流体育明星谷爱凌的数字分身"Meet Gu"一起,推出了一支激情澎湃的冬奥滑雪视频,为北京冬奥打call。

手语虚拟主持人

我们在看电视新闻时常常会看到，屏幕中除了通过声音进行播报的主持人外，在左下角还会出现一个手语主持人。手语主持人通过手势语言，与新闻主持人同步进行手语播报。目前，除了一些主流电视台外，在以手机为载体的各类新闻资讯中，引入手语主持人的少之又少，其中最重要的原因就在于手语主持人专业人才稀缺。

由于手语依赖手势来传递信息，不同的人在打手势的时候出现误差，可能会影响信息的接收。北京师范大学曾经对一万名听障人士做数据统计，发现只有 8% 的人能够完全看懂手语，56% 的人能部分看懂，29% 的人则完全不懂，因此，规范的手语翻译显得十分重要。

而 AI 驱动的虚拟数字人在手语主持人中的应用有望解决这一问题，通过机器学习，可以有效规避"千人千手"的问题，标准的手势可以让听障人士看得更清晰，更容易理解。

2021 年 5 月，搜狗发布了全球首个手语 AI 合成主播"小聪"。基于搜狗的 AI 分身技术，小聪能够流畅地进行手语播报，与听障人士进行无声的沟通。

小聪不仅有酷似真人的外表，还具有很强的业务能力。凭借搜狗数字人技术体系——搜狗分身，小聪能够自然、流畅地进行手语表达，更准确地传达新闻内容。

在外表方面，小聪集成了面部肌肉驱动、表情手势捕捉等技术，形成了形象逼真、动作自然的虚拟数字人模型，这能够提升手语播报的真实感，提高受众观看体验；在手语表达方面，小聪能够根据输入的语言文本，快速生成人们普遍学习的国标手语，并通过搜狗分身的多模态生成技术，快速生成手语播报视频；在手语展现方面，小聪可以完整地表达新闻内容，通过手语表达、面部表情等多方面的表达，展现更准确的手语表达效果。

此外，随着在更多传媒场景的应用，能够快速生成、批量复制并且全年无休的小聪能够发挥更大价值，帮助听障人士解决日常生活、学习、公共服务等多个场景下的沟通问题。

另外，央视新闻联合百度在北京冬奥会之前也推出了首个AI手语主播，希望用技术跨越听力的障碍。

根据全国第二次残疾人抽样调查数据，中国有2 780万听障人士，而全球约4.3亿人患有中度及以上程度的听力障碍。北京冬奥会是中国历史上第一次举办冬季奥运会，在关注冬奥会的观众中，这个特殊的群体，他们听不到赛场的声音。但他们关注着冬奥赛事，希望了解比赛动态，渴望感受比赛的激情。

"从北京冬奥会开始，我将全年无休用AI智慧为听障用户提供手语服务，让他们快捷地获取比赛资讯。"AI手语主持人有着"真人般"的皮肤、头发、眼睛，形象亲切自然，气质优雅独特，她所掌握的手语词汇都来自《国家通用手语词典》，经过长时间的智能学习，能够为观众提供专业、准确的手语解说。

百度利用语音识别、自然语言处理等人工智能技术，构建出一套复杂而精确的手语翻译引擎，实现了将文字及音视频内容转化为手语的翻译；再通过专为手语优化的自然动作引擎，进行虚拟形象的驱动,将手语实时演绎为数字人的表情动作,这使得央视新闻AI手语主播能够实现精准、连贯的手语呈现效果。①

虚拟主持人能替代真实主持人么

2021年5月,搜狐新闻客户端联合搜狗推出首个明星数字人主播——柳岩。她在形象上高度逼真,无论是简单的动作,还是招牌表情,都与真人柳岩如出一辙,堪称原版复刻。"柳岩数字人"还现场连线演员柳岩进行新闻播报比赛,被柳岩夸赞"播音腔很标准"。她还有强大的方言能力,已经熟练"掌握"河南话、湖南话、四川话、陕西话、东北话等多种方言,甚至可以在播报同一条新闻中流畅切换方言。用户可以体验24小时沉浸式新闻视听播报。

随着虚拟数字人发展到3.0阶段,相比真人主持人,虚拟主持人还具有很多优势。现实生活中,一位真人主持人无论如何优秀,都会因为长时间的工作而疲惫,也可能会出现口误,而虚拟主持人可以24小时随时待命,根据工作需要输出各种新闻内容。在工作上,他们不会抱怨、不会怯场、不会口误;在生活上,他们无需人照顾,无需饮食,可谓是主持界的"劳模"。

不仅如此,通过多语种机器学习,虚拟主持人还可以进行中、英、日、韩等多语种甚至小语种的新闻报道,节省大量的人力、物力,也加快了信息传播的速度。相比真人主持人,虚拟主持人自带

---

① 参考自 https://www.thecover.cn/news/8402590。

引流体质。央视著名主持人撒贝宁就曾和自己形象极为相似的虚拟主持人"小小撒"同台主持，引发观众尖叫。在双方的主持对话中，小小撒妙语连珠，甚至和撒贝宁抢起了台词，引得观众纷纷为其点赞。小小撒亮相之后，不仅引得观众惊呼，还引发了众多网友的讨论，足见其吸引力之强。

当前虚拟主持人在传媒领域的应用已成为必然趋势。未来，随着智能便携设备、大数据分析、自然语言生成和人工智能等多种技术的融合应用，除了智能播报外，虚拟主持人还能够进行智能采集、写作、剪辑、导播等多项工作，甚至就连虚拟主持人的外貌、语种、音色等，都可随观众的不同喜好随意变化，还可通过大数据分析技术，为观众画像并进行个性化分析，向观众推送有针对性、个性化的新闻资讯，为观众提供更加个性化的服务。

我们不禁担忧，真实主持人是不是要面临"下岗"的危机？

第三节　银行来了个虚拟品牌官

2021年12月30日，坐标：北京。

这天下午，百信银行在央视网演播厅举行年度媒体开放日活动，首位虚拟数字员工AIYA在活动现场正式入职百信银行，成为该行的"AI虚拟品牌官"，并与央视网数字主播小C进行了一场别开生面的"超次元"对话。

小C：（眨眼睛、鼓嘴巴、清清嗓子、扭扭头）Hello，大家好，我是央视网小C，很开心又跟大家见面了，今天不播新闻不聊比赛，给大家介绍一位新朋友，噔噔噔噔……

AIYA：（魔幻空降）大家好，我是百信银行AI虚拟品牌官AIYA，很高兴在这里见到大家。

小C：（动作：666）AIYA，这名字很上头！很可爱！自带感叹号！

AIYA：是吧！大家都这么说。其实AIYA的AI还代表人工智能。

小C：OK，（挠头思考）话说你在百信银行要从柜员做起吗？

AIYA：当然不用啦，我们是互联网银行，没有线下网点，所以也不需要柜员。不过，入职该有的仪式感还是要有的，你看，这可是行长亲自给我颁发的工牌呢（工牌特写）。

小C：（双手摊开）哇哦，大家请把排面打在公屏上！作为品牌官，你平时都做些什么工作呢？有没有什么要安利的？

AIYA：工作的话我会拍广告、做直播、出席一些品牌活动，等等，主要是为百信银行代言，为产品打call。在这里安利下我们的明星产品"好会花"和"钱包PLUS"，年轻人都超爱的。

小C：不愧是品牌官，品宣如此到位！听说你还叠了超级员工的buff呢？

AIYA：没错，银行人，银行魂，财商必须很超人。现在我的tittle是品牌官，以后我还会常常轮岗，用我的AI算力为大家解答各类问题。你们希望与AIYA在什么岗位相见？可以公屏留言哦，我会努力实现哒。

小C：（动作：双手加油）哇哦——超级期待哦！采访快进入尾声了，一起来个鬼马五连拍吧~

随后这段对话视频在网上疯传，AIYA 火爆出圈。AIYA 还创建了个人微博账号"AIYA 艾雅的日常"（图4.4）。

图4.4 微博账号"AIYA 艾雅的日常"

数字员工在人工智能技术的推动下，创造全新的服务理念和社会价值，《2021 年度中国虚拟数字人影响力指数报告》显示，总分排名前 6 位的数字员工分别是：百信银行的 AIYA、OPPO 的小布、海尔的海尔兄弟、哈啤的哈酱、浦发银行的小浦和 HTC 的 VEE（图 4.5）。

位居首位的 AIYA 被称为"C 位出道的双优生"。在传播力方面，AIYA 的品牌亲和力、品牌忠诚度及官方媒体及重点媒体报道率在数字员工中排名第一，远高于平均水平。同时 AIYA 的多平台点赞率位列第一，拥有很高的传播正面率。在创新力方面，基于金融机构的科技能力，AIYA 的 IP 自主性和 IP 创新性中的技术指标部分在数字员工中排名第一。在消费者创新性方面，AIYA 虽然仅推出不足一个月，但已经在目标消费者的年龄群体和区域群体中占据较大份额。在社会价值方面，AI虚拟品牌官、未来银行业务探索者的定位，更加凸显了AIYA的社会价值。

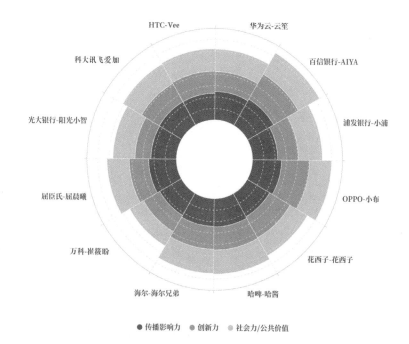

图4.5 数字员工影响力玫瑰图

资料来源：《2021年度中国虚拟数字人影响力指数报告》

AIYA是百信银行在金融业内推出的首位"AI虚拟品牌官"。2021年11月18日，百信银行推出了AIYA二次元版本，在银行业首发数字藏品，继而在12月30日又推出超写实版本，与央视网虚拟主播小C进行互动出道。AIYA整体推出时间短，但影响力高，主要有2个原因：一是创新能力强，通过银行业领先的创意实践，明晰的知识产权、自主技术、数字藏品应用等赢得高分；二是整体传播"高举高打"，通过官方媒体合作，赢得了传播的高权重影响力,成为 C 位出道的"双优生"。

在数字化、智能化发展的大趋势下,越来越多的企业推动数字化转型,其中有一项非常重要的工作就是引入数字员工,目前已经成为一种流行趋势。有两类企业最乐于推出虚拟数字员工:一类是消费品企业,如欧莱雅、哈尔滨啤酒、三星等,其虚拟数字员工主要以虚拟 IP 形象出现,扮演品牌代言人角色;另一类是服务型企业,如银行、酒店、商场等,其虚拟数字员工可以保证全天在线,随时为客户提供订餐、结账、咨询等服务,是具有"三头六臂"的工作小能手。

从用途上来说,不同类型的企业在虚拟数字员工应用上存在很大差异。目前主要分为三类应用:一是偶像型,将数字员工打造成企业品牌 IP,有独特的人设、偶像型外表和品牌内涵,对外展现企业品牌形象,主要用于品牌营销;二是服务型,为客户提供相对标准化、智能化的客户服务,以替代重复性的人工作业,并且随时在线,显著提高服务效率,如相关数据显示,智能虚拟客服在理想情况下可以替代 90% 以上的人力;三是专家型,在传媒、医疗、教育等专业领域,通过深度学习、语音合成、多模态人机交互等训练,虚拟主播、虚拟心理医生、虚拟手语主持人、虚拟教师等角色将越来越成熟,尤其是随着 VR、XR 的广泛应用,可提供实时、智能、个性化的沉浸式服务。

消费品牌最热衷于找虚拟偶像代言,以展现年轻化的品牌形象,获取年轻群体的青睐。与此同时,许多企业都意识到虚拟偶像在数字营销或线上服务方面的重要作用,纷纷推出自己的虚拟 IP

进行宣传，或推出数字员工更好地服务客户。

2021年6月，三星旗下营销公司推出了虚拟助手Sam，她有着大眼睛、蓝色眼瞳、短发、小嘴巴、雀斑、左眼下方的黑痣以及尖尖的下巴，仿佛从迪士尼走出来的欧美3D动画脸。黑色长袖衬衫搭配紧身牛仔裤，勾勒出Sam性感紧致的身材，充满了青春气息，被网友们直呼"Waifu"（Wife一词的日文读音，意思是视其为自己的二次元老婆）。

大家对虚拟助手并不陌生，但我们接触的虚拟助手并不是以漂亮小姐姐的形象出现，更多的是无形的，如苹果的"Siri"、天猫的"天猫精灵"、小米的"小爱同学"、百度的"小度"等。虽然它们可能会有甜美的声音，但是因为没有实际的形象，网友并不会把它们当成"老婆"。Sam的形象一经公布就在欧美引发了巨大的轰动，在Twitter、Facebook、Reddit等主流社交平台上搜索"Samsung"，你就能看到大量网友关于Sam的讨论，以及空前火爆的各种梗图和二创作品。网友纷纷表示："Siri是谁，我不熟""一天过去了，我在蓝鸟上看到她的性感图片已经是天文数字"。甚至有网友吐槽后悔太早购买了苹果手机，毕竟Siri在对话时只是一条毫无感情的彩色条纹，比起Sam小姐姐，实在是缺乏竞争力。

有趣的是，相比Sam在国外的火爆，这名小姐姐在国内并没有引发太多的关注。可能主要原因在于三星手机在国内的品牌影响力已经大不如前，而且Sam的尖下巴白人形象更适合欧美人的审美，她的尖下巴甚至被吐槽像是在韩国整过容，在亚洲其他国家难免出现水土不服的情况。

跟 Sam 几乎同一时间，国内网红美妆品牌花西子推出了超写实虚拟形象"花西子"，这一虚拟形象对于花西子来说不只是单纯的代言人，更是品牌拟人化的过程。"花西子"具有中国古典美，以超写实的风格打造精致的中国妆容，向世人展示中国美。

"花西子"同样有着独特的人设和形象，是一位古典东方女子，有着天然、自信、雅致的独特气质。除了具有东方美感之外，人物在细节上也颇为考究，例如眉梢的美人痣表现了我国传统的面向美学，耳戴莲叶耳饰，灵感来自"接天莲叶无穷碧"的西湖美景，发间的一缕黛色发丝体现了花西子的品牌颜色。这些设计融合了花西子的品牌风格，突出了"花西子"的外形特色，有利于加深人们对于"花西子"形象的印象。[①]"花西子"的皮肤纹路、表情、毛孔甚至是发丝，都拥有真人质感，表情也十分自然，整体塑造了一个"东方佳人"的形象。

天猫"猫天天"独特的猫头形象早已成为消费者心中标志性的品牌 IP 形象。除了把易烊千玺的虚拟形象"千喵"作为自己的品牌代言人之外，天猫还推出了自己的虚拟偶像"喵酱"，喵酱化身为一名大眼睛、猫耳朵、穿着性感时尚的美少女，将与猫天天一起营业。喵酱的二次元形象更加符合受众的审美，与更多 95 后人群产生共鸣。2020 年天猫通过冠名 Bilibili Macro Link（BML）及 Bilibili World（BW）两场活动，以主流 UP 主及核心圈层用户为爆发点，通过短内容、虚拟直播、品牌联动等多种形式推动猫天天和

---

① 参考自 https://mp.weixin.qq.com/s/CNFtnd_2rXzioCHFkI5Fog。

喵酱强势出道,助力品牌布局年轻化内容生态。

值得思考的是,数字员工应该颜值高,还是应该功能强大?

其实这两者并不相悖。从消费者角度考虑,如果虚拟数字人的外形并不受欢迎,那么就没有条件谈功能是否强大了。虚拟数字人最大的优势就在于外形是可塑的,可以结合企业形象进行精心打磨,功能上也可以通过技术训练和业务需要逐步升级。

在行业应用上,移动互联网时代的 App 菜单并不是自然的交互形式,很多功能都是藏在分级菜单之下,难以被人发现。进入智能化时代,一个非常重要的创新就是将人机交互重新定位于人与"人"(虚拟数字人)这种最为自然的交互形式。

偶邦智能创始人郑毅博士推测,仅企事业单位的数字员工这一个应用场景,如果结合元宇宙和行业应用落地,其规模都有可能很快创造出超过 10 个独角兽企业。例如,银行可以将数字员工与银行业务流程打通,在 App 或远程银行结合 VR、AR 应用,通过与数字员工的友好交互完成业务办理,从而改善用户体验和客户服务。中国已经进入了老龄化社会,虚拟数字人的行业应用一定会有中国特色,而且是体量非常大的中国特色应用。

但不容忽视的是,由于行业差别,目前每家企业的数字员工均需要个性化定制,这导致制作和运营成本居高不下。未来,随着数字化、智能化水平的进一步提高,数字员工将利用实时在线、智能驱动、外形可塑等优势,在越来越多的岗位上实现更大的实用价值。

第四节 虚拟老师和学生走进校园

国内首个虚拟学生

身着简单的T恤衫、牛仔裤、白板鞋,扎着马尾辫,如果只看外貌,她和普通的女孩好像没有什么区别,但她却不是普通的女孩,而是一个虚拟数字人,她就是清华大学计算机系知识工程实验室推出的我国首个原创虚拟学生——华智冰。在华智冰诞生之后,清华大学为她办理了学生证,她也正式成为清华大学莘莘学子中的一员。

在华智冰首次出现的一段宣传短视频里,她时而漫步于校园的街道、艺术博物馆,时而在草坪边安静地阅读,举止形态与真人无异,让人不禁感叹:她真的是一名虚拟数字人而不是真人吗?

除了外形酷似真人外,华智冰的智商和情商也非常高,她可以和人们交流,进行一定的情感互动,也精通写诗、画画,甚至可以凭借其推理能力和人们一起玩剧本杀。

华智冰之所以这样智能,主要依托了超大规模的智能模型"悟道2.0",它可以在几万个CPU上对海量的图文数据开展人工智能预训练,提供强大的智力支持。在这一支持下,华智冰能够像人一样思考。同时,在不断的思维训练中,华智冰变得越来越聪明,除了作诗、绘画外,华智冰还能学习编程、代码等计算机相关知识,学习的内容也会越来越精深。未来，当华智冰毕业之后，或许她可以和真人一样处理各种工作或进行科学研究，成为一名出色的科研人员。

或许在未来，随着虚拟数字人技术的进步，会有更多的酷似真人的虚拟数字人进入现实世界，人们可能会和虚拟学生做同学，听虚拟老师讲课，甚至身边朝夕相处的同事也可能是数字员工……虚拟数字人与真实世界的交织，将会形成一个亦真亦幻的奇妙世界。

虚拟老师的独特魅力

在家上网课对于许多人来说并不陌生，许多学生通过上网课进行课外学习，许多上班族也习惯通过网课来充实自己。那么你可曾想过，那个生动讲解各种知识点、耐心为你答疑解惑的老师可能是一个虚拟数字人？

这并不是一种天马行空的想象，现实中已经有虚拟数字人老师。新西兰奥克兰的学校中就出现了这样一位虚拟老师威尔（Will），他负责为学生教授可再生能源科目的知识。在教学过程中，威尔可以与每一位学生互动，并对学生的回答做出相应的反应，甚至当学生对他笑时，他也会做出相应的表情来回应学生。很多学生表示，威尔给他们的感觉是"像一个真正的人类"。

威尔运用"人工神经系统"，可以通过摄像头、麦克风识别学生的情绪并做出反应。不仅如此，威尔还可以识别学生对所学内容的理解程度。在教学方面，威尔无疑是一名出色的老师。

创造威尔的软件公司将教育领域视为虚拟数字人应用的重要领域。该公司负责人曾表示，目前奥克兰的学校没有足够的师资，而虚拟老师的应用能够在一定程度上解决专业教师供不应求的问题。这里指出了虚拟老师在教育领域应用的一个重要作用——解决教育师资问题。虚拟老师的补充可以缓解学校的师资压力，使更多学生得到更好的教学资源。

同时，教学师资力量的壮大也能够优化教育方式，开启"私人订制"新模式。教育界的普遍共识是，由经验丰富的老师进行一对一个性化教学是最佳的教育方式，但因受限于人力，这种教育方式很难在更大范围内推广。而虚拟老师的出现将可以解决这个问题：虚拟老师可以同时教授成千上万名学生，随时回答学生的问题，还可以根据学生的学习情况提供个性化辅导。在虚拟老师的帮助下，学生的课程可以实现"私人订制"，学生也能够在这种更科学的教学中更好地成长。

具体来说，虚拟老师可以先分析学生的学习情况，然后根据学生学习中的难点设计教学方案，为学生提供更科学的教学辅导。同时在教学过程中，虚拟老师也能够根据学生对知识的吸收情况调整教学进度，例如，虚拟老师能够通过情绪识别技术识别出学生的表情，当识别到学生露出困惑的表情时，虚拟老师可以将知识点再讲一遍，以便帮助学生更好地理解。

未来，随着虚拟数字人技术的发展，虚拟老师也将不再局限于屏幕中的虚拟形象，而会生成更加立体的全息形象，在受到召唤时随时出现在学生身边，为学生提供贴心、专业的辅导。

除了作为虚拟老师为学生授课外,虚拟数字人在教育领域还有更多的应用场景。少儿教育领域的小艾被定位为国内首位虚拟少儿阅读推广人。作为一名 12 岁的女生,小艾面向的学生群体是学前和小学低年级的学生,通过分享学习和生活,引导少儿健康成长。[①]

少儿阅读并不是简单的事情。很多家长因为工作繁忙,无法抽出足够时间陪孩子阅读,即便有时间,也未必能生动、准确地讲好书中故事。而小艾能够全天候陪伴孩子,随时以饱满的精神状态生动地讲述各种知识。

目前,小艾主讲的少儿知识百科类短视频《小艾问学》已在教育平台上线。在视频中,小艾会生动地解答许多有趣的问题,与学生一起展开思考。《小艾问学》通过一问一答的形式,生动地讲述生活常识、科技发展、节日趣闻、自然环境等各方面的知识,全面激发学生的学习兴趣。

未来,依托 AR、VR 等技术,虚拟数字人在教育领域的应用场景将进一步拓宽。或许在将来的某一天,我们可以在虚拟世界中通过虚拟形象进行科学实验、地震或火灾演练,甚至在虚拟老师的带领下进入庞贝古城,近距离探索历史。

虚拟毕业典礼,将毕业典礼搬到云端

2020 年,受新冠疫情的影响,很多学校都取消了线下毕业典

[①] 参考自 https://zhuanlan.zhihu.com/p/266590817?utm_source=wechat_session&utm_medium=social&utm_oi=818370713093279744。

礼。但对于很多学生来说，毕业典礼是他们期待已久的宣告完成学业的仪式，取消毕业典礼就失去了这份特殊的仪式感。一些取消线下典礼的学校也想出了各种办法弥补这个遗憾，如举行线上毕业典礼，通过视频的方式为学生送去毕业祝福等。但这些都很难替代一场真正的毕业典礼。

为了让学生依然能够感受到毕业典礼的仪式感，中国传媒大学动画与数字艺术学院就为学生们举办了一场别开生面的线上毕业典礼。2020年6月，中国传媒大学动画与数字艺术学院在游戏《我的世界》中打造出了一场与众不同的"云毕业典礼"。

这场云毕业典礼打破了传统的线下毕业典礼的形式，以虚拟毕业典礼的形式吸引了广大网友的关注。不少网友表达了对这场云毕业典礼的赞叹："原来《我的世界》还可以这样玩""好神奇，好想到现场感受一下。"

在云毕业典礼中，整个画面1∶1还原了中国传媒大学校园的建筑和景色，甚至花草树木和学校中的猫都有了虚拟分身，学生们可以在校园各地打卡留念。

在云毕业典礼开场时，学生们首先排队入场，领取学士服并一键换装，随后可以前往小礼堂观看毕业设计展览。小礼堂中，主持人讲解了大家的毕业设计作品，同时也时不时活跃现场气氛："大家不用那么拘谨，可以从座位上站起来跳一跳。""哎，我说跳起来，不是扔雪球啊。"

云毕业典礼中最具仪式感的就是学生身穿学士服走红毯的环节。学生跟随主持人的指示依次走红毯入场。不少学生调皮地在红毯上跳来跳去，主持人也一再喊话控场："请同学们不要在红毯上飞来飞去。""各位小方人请保持秩序，不要与其他的小方人产生冲突。"可见学生们的激动之情。

中国传媒大学动画与数字艺术学院的院长、书记等，也在毕业典礼现场进行了演讲。在师生的欢笑声中，这场云毕业典礼圆满落下帷幕。

这场毕业典礼惊艳了许多人的目光，许多人纷纷感叹"游戏还可以这样玩？"而事实上，中国传媒大学并不是第一个在游戏中举办毕业典礼的学校。

在美国，哥伦比亚大学、加州大学伯克利分校都尝试了通过云毕业的方式与学生道别。2020年初，加州大学伯克利分校迎来了春季毕业季，在学校各方及众多学生的参与下，一座在《我的世界》中复刻而成的加州大学伯克利分校建设完成，而学生们的毕业典礼就在这个复刻的学校中线上进行。

毕业典礼的流程如往常的线下毕业典礼一样，发放证书、校长讲话、嘉宾讲话、学生在典礼结束时向空中抛出帽子等环节一一实现，整个毕业典礼仪式感十足。

《我的世界》因其自由建造的属性吸引了全球上亿玩家，在疫情期间无法线下聚集的情况下，借助《我的世界》打造云毕业典礼无疑是玩家奇思妙想的突破，玩家可以通过虚拟分身和虚拟场景，尽量还原毕业典礼流程，打造一场具有仪式感和纪念意义的毕业庆典。

虚拟毕业典礼的出现无疑激发了人们对于游戏、虚拟数字人和虚拟世界的想象，或许在未来，将会出现更多的虚拟毕业典礼，甚至是虚拟年会、虚拟生日宴会等。而人们选择以虚拟分身在虚拟世界中举办活动，不仅是因为要实现线上相聚，还因为虚拟活动也能够具有不输线下活动的真实感和仪式感。

第五节　元宇宙开启文旅新视界

虚拟导游走进生活

正所谓"一部中国陶瓷史，半部在浙江"。2020年5月，《虚拟云游记》第三期浙江省博物馆探馆记圆满落幕，虚拟偶像楚瓷携手浙江省博物馆讲解志愿者，带着众多观众在线上一起观赏浙江省博物馆，让观众们感受到了陶瓷文化的深厚魅力。

《虚拟云游记》是"虚拟+真人"线上旅游节目，通过线上直播的方式，让观众足不出户看世界，开启云虚拟旅游新方式。而在此次直播中，楚瓷将观众带到了浙江省博物馆，开启了一段与古文化相遇的奇妙之旅。

在直播中，人们仿佛"穿越"到新石器时代，近距离欣赏古代文物的魅力。各种类型的瓷器陈列在展厅中，在暖光的照耀下散发出柔和的光芒，让人隔着屏幕都能感受到那份历史的厚重感。志愿者以陶瓷的发展兴衰为主线，结合历史，挖掘文物背后的故事，梳理了我国陶瓷的发展史。直播中楚瓷与志愿者互动沟通，配合十分默契。同时楚瓷还挑选了幸运观众进行提问，瞬间点燃了直播间的气氛。

观看完这场云旅游直播，很多人不仅感受到了陶瓷的魅力，更惊叹于楚瓷的表现。虚拟偶像楚瓷在带领观众探索博物馆的工作上，交出了一份让人满意的答卷。

2020年7月，城市虚拟IP白素素与一名真人主播共同开启了直播，双方通过对话的方式，介绍了杭州的地域风光，和大家分享了杭州的旅游景点和美食。

与常见的虚拟偶像不同，白素素是基于文旅的需求而打造的虚拟形象。该项目以CG、人工大脑（Artificial Brain）为技术基础，为城市、旅游景区打造虚拟IP形象，并利用移动终端、线下智慧大屏等实现导流，从而实现基于虚拟IP的游戏社交、旅游导览、直播带货等功能。

白素素就是该项目在启动仪式上推出的虚拟IP形象，这一形象以民间传说人物白素贞为原型，结合更细化的设计，最终成为杭州城市旅游代言人。活动中，白素素与一名真人主播共同开启了直播，在聊天的同时对杭州的风景、美食进行了介绍。直播中，白素素不仅对杭州的景点和美食如数家珍，还向观众展示了自己的舞蹈才艺，让很多观众拍手称赞。

科技创新为文旅产业的发展提供了新的方向，即加强智慧景区建设，发展基于虚拟现实、人工智能等技术的沉浸式体验文化和旅游消费内容。虚拟数字人成为城市代言人，体现了文化、旅游与科技之间的融合，能够更好地满足人们多样化和注重体验的消费需求，激发了城市文化旅游的活力。

除了在直播中介绍各地风光的虚拟导游外，在各地景点、博物馆中也出现了虚拟导游、虚拟讲解员等。例如，一些博物馆利用全息投影技术，将真人形象投影于固定位置，当感应到观众到来时，虚拟讲解员就会和观众打招呼，向观众讲解展厅的展览主题、功能分区等，或者讲解某一文物的历史。这些虚拟讲解员容貌端庄、沟通自然，并且永远不知疲倦。

2017年清明节期间，北京曾举办过一场名为"镌刻世纪——中华文化先贤新影像展"的活动。在活动中，道家学派创始人老子、儒家学派创始人孔子、文学家鲁迅等多位古今文化名人在全息投影技术的支持下"现身"中华世纪坛，穿越时光与人们"对话"。

此次清明节活动包括献花祭扫、文化讲座、纪念文化先贤展览等内容，通过有仪式感、参与性强的活动来表达人们对历史先人的追思。其中，"镌刻世纪——中华文化先贤新影像展"选择了我国历史上的40位先贤，既包括古代各家学派创始人，又包括近现代的数学家华罗庚、艺术家梅兰芳等，依靠全息投影技术让他们鲜活地出现在人们面前。他们的成就体现了我国在不同历史时期和不同领域的发展，展现了历史文化的变迁。

此外，孔子故乡曲阜正式开启了"机器人旅游科普基地"，人们可以在曲阜游客服务中心与百余款机器人互动，体验投篮、写毛笔字等内容丰富的"科技+文旅"娱乐内容。而基地中最亮眼的就是孔子的3D全息投影，这些投影充分展现了孔子自出生到中年、老年的一生历程。同时，孔子全息投影还可以和人们互动问答，为人们讲故事，存在于春秋时代的孔子仿佛穿越到了现代。

当前，虚拟历史人物屡见不鲜，不论他们是出现在活动中，还是旅游景区中，都会成为人们关注的焦点。除了增加活动仪式感、烘托氛围外，这些虚拟历史人物还可以与人交互，和人们进行一场跨越千年的对话。

虚拟历史人物也是虚拟数字人发展的重要方向，对于创新教育场景而言具有重要意义。未来，更多的虚拟历史人物将会出现：当我们上历史课时，唐太宗可能会出现在讲台上为大家讲述唐代的历史；当我们探访名人故居时，故居的主人也可能出现在我们眼前，为我们绘声绘色地讲述他曾经的生活。

元宇宙助推少林"文化出海"

少林寺作为构成中国传统文化重要组成部分的载体，历经1 500多年的发展，在全世界范围内拥有200万少林弟子，8 000万少林文化爱好者与3亿少林功夫爱好者。

爱化身科技公司联合嵩山少林寺开展少林禅宗文化，制订少林武术与元宇宙的方案规划，此规划旨在进一步深入推动文化与科技的融合，助力少林文化向国际化、产业化发展迈进，形成连接东西方文化的桥梁，打造一个可随时随地更好地了解少林文化的入口。

未来，通过元宇宙的再造，作为少林文化核心元素的少林功夫，可跨越语言界限将中华博大精深的文化融入一招一式中，在科技、经济、全球化的大潮中让少林文化走得更远，更深入人心。

围绕"少林与人"的元素，通过全新的面部、姿态等动作捕捉技术，打造少林高僧在元宇宙的数字分身，赋予其无限接近真人的视觉形象感受。如为现实生活中德高望重的僧人或武学大师创建数字分身，根据文化与大众需求，开办相关互动活动，让人们可以在少林元宇宙世界拜"高僧"为师，一同探讨少林文化，切磋少林武学。

1. 虚实融合的"元宇宙少林寺"

基于少林寺真实的物理空间，构建虚实融合的少林元宇宙空间，运用AR、MR（Mixed Reality，混合现实）、XR等技术，打破"次元化"壁垒，让海内外少林文化爱好者、普罗大众足不出户即可在少林元宇宙世界遨游嵩山的峦峰林海，感悟中国少林的禅宗文化。

2. 来自元宇宙的呼吁，共同守护少林千年历史传承

一直以来，公众对于少林壁画的艺术价值及其背后所蕴含的少林故事都知之甚少，将少林壁画全部进行高精度数字化可以使大众更加便捷、深入地欣赏少林壁画，同时也是对少林壁画的数字化保护。公众可以在虚拟漫游之时体验少林实景壁画故事，了解历史风霜对壁画的破坏，共同守护千年文化传承。

3. 元宇宙藏经阁——沉浸式禅修阅读之地

通过AI、VR、数字孪生、全景技术等建立元宇宙世界藏经阁，

实现禅修阅读的沉浸式体验，让全球少林文化爱好者可以实时翻阅、分享少林典籍著作。

4. 须弥之中，游戏"大千世界"

将"禅武文化"与"人生"结合，在虚拟世界构建少林 ARG（真人在线互动）游戏，让玩家在攻略游戏的过程中，不知不觉领略人生禅学至理，以一种沉浸式、交互式的方式与少林文化深度沟联，感知中国少林文化的无穷魅力。

5. 链接 3 亿少林文化爱好者的少林文化乐园

少林元宇宙以感官体验的数字化再造，结合文化、教育、娱乐、社交、商业化等多元模块设计，打造了一个链接全球 3 亿少林文化爱好者的少林文化乐园，寻找到一条将中国故事国际化的路径，相信不久的将来，全球少林文化爱好者可以在元宇宙世界随时随地沉浸式体验少林禅武文化。

第五章

虚拟数字人 3.0 的核心技术框架

灵境技术VR是继计算机技术革命之后的又一项技术革命。它将引发一系列震撼全世界的变革，一定是人类历史中的大事。

中国科学家，中国载人航天奠基人　钱学森

1970年，日本机器人专家森政弘曾提出一个名为"恐怖谷理论"（Uncanny Valley）的假设，用来形容人类和他们相似到特定程度的机器人的排斥反应（图5.1）。简言之，如果一个实体"不够拟人"，那么它的类人特征就会显眼并且容易辨认，产生移情作用；但如果一个实体"足够拟人"，那么它的非类人特征就会成为显眼的部分，使人类观察者产生一种古怪的感觉。

这个理论同样适用于虚拟数字人。虚拟数字人是目前元宇宙赛道商业化程度最高的领域，但也是高技术壁垒的行业。能否具备虚拟数字人批量和高质量生产能力是核心壁垒，领先企业将在元宇宙产业中领先并获得倍增效应。

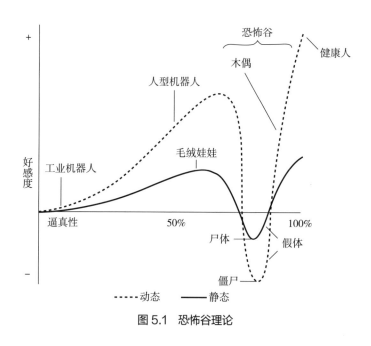

图 5.1 恐怖谷理论

第一节 主流技术架构

虚拟数字人的制作涉及许多技术领域,从整体架构上来说,虚拟数字人存在"五横两纵"的技术架构(表5.1)。"五横"指的是虚拟数字人制作、交互的五大核心技术,包括人物生成、人物表达、合成显示、感知识别、分析决策等。"两纵"指的是虚拟数字人2D或3D的不同形态。虚拟数字人3.0一般指的是3D形态的智能型数字人。

第五章 虚拟数字人 3.0 的核心技术框架

表 5.1　虚拟数字人"五横两纵"的技术架构

	2D 虚拟数字人	3D 虚拟数字人
人物生成	无	写实人物建模等
人物表达	语音生成、动画生成	
合成显示	终端显示技术	
感知识别	语音语义识别、人脸识别、动作识别等	
分析决策	知识库、对话管理等	

资料来源：《2020 虚拟数字人发展白皮书》

人物生成：2D 虚拟数字人为平面形象，不涉及人物生成技术，而 3D 虚拟数字人展示的是 3D 立体形象，需要使用三维建模技术生成数字形象。

人物表达：人物表达中的语音生成和动画生成指的是基于文本生成对应的语音和与之相匹配的动画。

合成显示：合成显示指的是音视频合成显示技术能够将语音和动画合成视频，形成完整的显示内容。

感知识别：感知识别指的是通过语音语义识别、人脸识别、动作识别等技术识别用户的意图，并据此决定接下来的语音和动作。

分析决策：分析决策指的是虚拟数字人可以根据自身知识库对对话进行管理，即根据用户的交互反馈决定接下来的行为。

事实上，并不是所有的虚拟数字人都有感知识别和分析决策的能力。例如，一些用于新闻播报的虚拟主播，可能只会涉及人物生成、人物表达和显示合成三方面的技术，导入新闻播报的内容后，虚拟主播能够完成新闻播报的工作，却不能和人们进行交互。

同时，一些额外结合了感知识别、分析决策等能力的虚拟数字人则显得更加智能，他们能够依据语音语义识别、人脸识别、动作识别等技术识别人们的状态，并依据强大的知识库做出合理的应对。例如，一些银行、政府办事大厅中使用的虚拟数字人可以自然地和人们进行交互，并能够以专业的知识为人们提供咨询服务。

虚拟数字人的五大技术涵盖了虚拟数字人从初步制作到完成的核心技术，正是这些技术的融合，才造就了会说、会动，甚至能够和人们自然交互的虚拟数字人。

第二节 基础软硬件支撑体系

虚拟数字人的打造离不开软硬件一体化的结合。其中硬件主要包括显示设备、光学器件、传感器和芯片，软件包括建模、驱动、渲染等方面的软件。这一层技术门槛比较高，是目前科技巨头相对集中的一层，如英伟达的 GPU、AI 芯片和 Oniverse，而一般的科技公司难以支付高昂的研发成本。

在硬件方面，显示设备是虚拟数字人成像的载体，包括手机、电脑、AR、VR 等设备；光学器件是虚拟数字人基础硬件中负责成像的部件，具有将虚拟物体叠加到真实环境显示的功能；传感器相当于虚拟数字人的五官，是实现人机交互的核心部件；芯片是虚拟数字人完成数据处理、数据传输、内容分析等行为的核心部件。

在软件方面，虚拟数字人需要建模、驱动、渲染等多方面软件的支撑。

1. 建模

随着元宇宙和虚拟数字人产业的兴起，虚拟建模技术也在快速更新迭代。目前市面上的虚拟数字人多为卡通形象虚拟人，例如二次元形象。另一类虚拟数字人则更侧重写实性，具有更强的柔和力和真实感。创建这类虚拟数字人的建模技术主要分为静态扫描建模和动态光场建模。

在静态扫描建模方面，相机阵列扫描建模是人物建模的主要方式。得益于拍照式相机阵列扫描建模的发展，毫秒级的高速拍照扫描已经实现，能够更好地满足虚拟数字人建模的需求。

动态光场建模技术包括人体动态三维建模、光场成像两个部分。人体动态三维建模主要通过摄像机阵列采集动态数据，重建几何外形、纹理、材质、运动信息等。光场成像中的光场可以存储空间中光线的方向和角度，并据此产出场景中人物表面的反射和阴影，这为人体三维建模提供了更丰富的图像信息。

相比静态建模技术，动态光场建模不仅可以重建人物模型，还能够获取动态人物模型数据，重现不同视角下人物的光影效果。动态光场建模技术可以忽略材质，直接采集现实世界的光线，再实时渲染出真实的动态人物模型。

近年来微软、谷歌、英特尔等公司都在积极展开虚拟数字人建模方面的研究。其中，谷歌打造了 Relightable 全身人像容积摄影方案，将结构光、动态建模、重光照技术融合到了一起，包含了模型重建、动作重建、光照重建等人物建模的全部功能。

在建模工具上，目前主流的有三种技术。第一种是基于 Unity 3D 的建模技术，用户可以通过几何图形构建任意虚拟人物形象，但这种技术需要比较密集的人力投入。第二种是基于 Metahuman 的捏人技术，作为 Epic Games 旗下构建虚拟数字人的主力产品，该技术可以让用户在没有任何技术背景的前提下，打造出高度逼真的虚拟形象。但如果用户想 100% 还原真人，则需要更多对艺术技巧的把握和训练。第三种是基于实物扫描技术的建模，主要应用于构建物体模型，比如艺术展品和机器模型等，常用的设备包括 Shining3D 公司的激光扫描仪。实物扫描技术可以以微米级的精度真实复刻实物，但这种技术因其昂贵的设备成本并不能满足元宇宙时代大规模 C 端普及的需求。因此，这些技术普遍存在周期长、学习和使用门槛高、设备昂贵等痛点。

国内外公司都试图在建模方面有新的突破。

北京深镀科技（DeepNatures）是一家专注人工智能和计算机视觉技术的科技公司，创始人徐航从美国高盛辞职回国，带领团队打造出一种全新的快速构造虚拟真人的技术方案，以极低的用户使用门槛，还原最接近真实的虚拟数字人形象。

在低模应用场景方面，DeepNatures 研发了 Pinocchio AI 算法，这种算法运用了深度学习和神经网络，对人类体型进行了大量预训练，进而实现了仅仅基于人物的正面 2D 照片，AI 即可自行"脑补"出该人物的侧面以及背面形象。进而实现了让用户仅需一张正面照,就可简单快速地行重构出完整的 3D 人物虚拟形象。

在高模应用场景方面,例如在影视行业和直播领域,往往对人物脸部细节的要求很高,比如脸部表情变化,甚至是毛孔、毛发的刻画,以无限逼近真人形象。为满足这种级别的需求,DeepNatures 研发了基准场技术,通过人物不同角度的照片,逼真重构出人物形象。

为了满足规模化 C 端建模造人推广,DeepNatures 已将其快速人物建模 AI 技术封装成手机 App,仅仅需要手机摄像头,就可以让每个 C 端用户成为自己的建模师、人偶师,实现低成本、零门槛、高效的真人虚拟化,打通真人与虚拟分身的次元壁。

为了让虚拟人动起来,DeepNatures 同时研发了实时动作捕捉系统,仅需用户的普通摄像头,即可完成包括脸部表情、四肢以及手指的动作捕捉,不需要购买昂贵的可穿戴动作捕捉设备。

2. 驱动

在驱动方面,智能合成、动作捕捉等是虚拟数字人当前主要的动作生产方式。2D、3D 虚拟数字人都能够实现嘴型动作的智能合成,其基本逻辑是建立从输入文本到输出音频和视觉信息的关联映射,对采集到的文本到语音和嘴型视频、嘴型动画的数据进行模型训练,得到一个输入任何文本都能够驱动嘴型的模型,再通过模型合成视频。

除了嘴型之外的动作,眨眼、点头、微笑等动作目前往往是通过某个脚本方案将预录好的视频或动作进行循环播放来实现的。例如许多虚拟数字人的肢体动作就是通过在某个位置触发预录好的肢体动作数据驱动的。

将捕捉采集的动作迁移至虚拟数字人是虚拟数字人动作生成的主要方式，其中的关键技术就是动作捕捉。根据实现方式的不同，动作捕捉技术分为光学动作捕捉、惯性动作捕捉、基于计算机视觉的动作捕捉等。当前，最常用的两种动作捕捉技术就是光学动作捕捉和惯性动作捕捉。

光学动作捕捉通过对目标上特定光点的跟踪实现对动作的捕捉。最常用的是基于马克点的光学动作捕捉，即在目标身上粘贴上能够反射红外光的马克点，根据摄像头对马克点的追踪，实现对目标动作的捕捉。这种方式能够实现高精度的动作捕捉，但对环境要求较高且造价高昂。

惯性动作捕捉基于 IMU（Inertial Measurement Unit，惯性测量单元）完成对目标动作的捕捉。其基本逻辑是把集成了加速度计、陀螺仪、磁力计的 IMU 固定在目标的骨骼节点上，再对测量数值进行计算，最终完成动作捕捉。这种方式价格相对较低，但动作捕捉的精度较低，会随着连续使用时间的延长产生累积误差。

3. 渲染

渲染技术的本质是对图形数据的计算和输出。在硬件能力提升和算法突破的基础上，渲染技术也有了明显进步，一种更先进的渲染技术 PBR（Physically Based Rendering，基于物理的渲染技术）

开始出现，大大提升了虚拟数字人的真实性。

在 PBR 技术出现之前，3D 渲染引擎更多的是关注实现 3D 效果，并不太关注 3D 模型的真实感。PBR 是基于真实世界成像规律模拟的一种渲染技术的集合，能够更真实地反映模型表面反射、折射光线的强弱，使渲染效果更加真实。

而实时渲染技术的突破更加强了虚拟数字人的真实性，超写实的虚拟数字人得以出现。实时渲染指的是图形数据的实时计算和输出，其输出的每一帧画面都来源于对实际环境光源、相机位置、材质参数等的实时计算。早期的实时渲染只能选择抽象和简化过的渲染算法，画面质量欠佳。而随着硬件能力的提升和算法的突破，渲染速度、渲染效果、渲染画面的分辨率都得以提升，在虚拟数字人的实时渲染方面，超写实的虚拟数字人足以以假乱真。

虚拟数字人的打造离不开硬件与软件的结合，在硬件与软件的双重支撑之下，虚拟数字人才得以成像，完成更多的动作并越来越逼真。未来，随着硬件基础的提升和软件技术的进步，虚拟数字人的制作技术也会不断精进，虚拟数字人整体呈现的效果也会进一步提升。

第三节　从 0 到 1 创建一个虚拟数字人

对于个人而言，人人拥有虚拟分身并不容易实现，这不是因为开发技术受限，而是由于使用场景有限，以及对网络平台算力的消耗。部分社交和游戏平台为了避免太耗费算力，一般选择 2D 卡通形象，严格意义上来说这并不是真正的虚拟分身。但对于一家企业而言，当前创建一个虚拟数字人已经不是很高门槛的事情，成本从几万元到几百万元不等，而且在逐步下降，最终的开发难度取决于企业的具体需求和预算。

以创建一个数字员工为例，一般而言需要以下 5 个主要步骤。

（1）需求梳理。需求往往决定了预算投入和技术路径选择。不同企业对数字员工的诉求存在很大差异，服务型公司一般倾向功能型数字员工，为客户提供相对标准化、数字化的专业服务，以替代重复性的人力，从而达到降本增效的目的。还有一部分企业将数字员工打造成虚拟偶像，成为企业或产品的代言人，以获得更多年轻客户群体的关注。

（2）设计人设。人设是一个人的差异化特点，相当于人的"灵魂"，是构建数字员工过程最容易被忽略的环节，也最容易引发不同的意见和矛盾。目前功能型的数字员工更像工具人，如果设计不好，在交互过程中很容易让人产生"不适"的感觉。简单而言，数字员工的人设可以结合企业品牌调性、客户画像和岗位特点，并参考虚拟偶像的做法，其外形设计、语言风格、服装特点和兴趣爱好等都需要提前做好预设。

（3）技术实现。主要包括建模、驱动和渲染等技术环节，最终形成数字人资产。同时涉及技术路径的选择，是真人驱动还是 AI 驱动，选择二次元还是超写实风格，存在较大的差别。目前市面上专业做虚拟数字人的公司或工具很多，但参差不齐。能够做好真人驱动，未必能做到 AI 驱动，反之相对容易一些。能够做好外形、语言等人物设定，未必能做好驱动和运营，反之也成立。

（4）场景应用。企业场景可以分为对内场景和对外场景。对内场景丰富，应用起来相对压力较小，比如虚拟主持人、大堂迎宾、大屏讲解员、视频制作，等等。对外场景相对要求较高，如 AI 助手、虚拟直播、智能客服，等等，由于代表公司形象和技术实力，需要做好充分准备。因此，在需求梳理和技术实现过程中就需要充分考虑场景应用。

（5）内容运营。如果把前面 4 个步骤比作"生"出数字员工，那么，第 5 个步骤就相当于"养"数字员工。从实践来看，"养"要比"生"难度更大，目前持续的内容生成和应用还存在较大的挑战，包括内容创作和成本压力。因此有些企业更倾向于选择功能型数字员工，完成相对单一、固定的业务功能即可。未来，支持 AI 创作和业务配置的数字人具有更广阔的市场前景。

目前国内少数公司开始努力尝试一体化解决方案，以满足更多企业的数字人创作和运营需求，提高效率，降低成本。一体化解决方案最大的优势在于全场景、一站式以及平台化。尤其是平台化能力，能否快速交付，帮助不同领域的客户快速实现敏捷型需求，从而达到降本增效显得非常关键。

百度智能云曦灵是一个可以提供数字人生产、内容创作、业务配置服务等一体化解决方案的平台级产品，为广电、互娱、金融、政务、运营商、零售等行业提供一站式的虚拟人创建与运营服务。

在数字人生成维度曦灵平台拥有 3D 写实、2D 写实、3D 卡通三条数字人生产线，支持多种风格数字人打造，并通过全栈的 AI 能力实现了二次元数字人的"一句话生成"，还可大幅压缩高精 3D 数字人的生产成本。

在内容生产维度，通过人像驱动、自然语言理解、语音交互、智能推荐四大 AI 引擎曦灵平台支持真人场景下多样化内容的快速生成、业务配置。基于面部 4D 数据（3D + 时序）的高精数字人"文字到形状的跨模态面部表情生成技术"，使得口型合成准确性达 98.5%。

目前百度已经打造了 AI 手语主播、央视网数字主播小 C、航天局火星车数字人祝融号、百度集团数字人希加加、手机百度代言人龚俊等一系列数字人。

以龚俊数字人为例，在龚俊数字人制作过程中，百度 AI 技术深入赋能 CG 制作，通过 4D 扫描、智能绑定等 AI 技术，捕捉龚俊说话口型及日常面部表情细微变化、面部肌肉动作等，令龚俊数字人的表情、神态更加逼真，做到对真人形象的超写实还原；同时，百度还通过引入 AI 降噪、AI 自动生成等技术，将原本 2—3 个月的制作周期大大压缩。

不仅如此，基于百度 AI 的全链路能力，龚俊数字人在"听、说、互动"上表现极佳：端内准确率高达 98% 的语音识别技术，帮助数字人听懂用户的话，轻松搞定中英文混杂、生僻字、方言等各种语音；准确性达 98.5% 的 AI 口型合成技术，则为数字人还原真人说话时的口型变化，使数字人张嘴说话自然生动；文本转语音与自然语言处理、知识图谱等技术,不仅让数字人在声音上无限接近于真人原声,还可以与用户亲切交互,进行多轮对话。

虚拟数字人的关键技术在不断取得新的突破,推动数字人产业快速发展。除此以外,虚拟数字人的发展也离不开 AI 渲染、区块链、多功能感知等多种技术的助力。在这些技术的融合应用和驱动下,虚拟数字人才能够实现更快、更智能的发展。

第四节 不可忽视的挑战

当前虚拟数字人产业还面临诸多挑战,包括技术瓶颈、技术标准、知识产权、身份治理以及伦理等问题。

技术瓶颈主要包括三个方面。

在表现层方面,目前已有的深度伪造(DeepFake)不是未来发展的方向,该技术没有实现类似于好莱坞级别的表现感觉,很难让观察者产生共情。并且深度伪造技术受限于大批量、高质量的训练数据样本,实现泛化性仍然是当前存在的挑战。另外,写实风格的虚拟人在越来越像真人的同时,仍需突破"恐怖谷效应"。

在技术层方面,情感传达是瓶颈。当前仍然主要运用动作捕捉技术,在人与虚拟人的交流之中,主要还是依靠背后的"中之人",这导致虚拟人在交流过程中只能单纯地传达文字,而背后的情感和情绪则没有办法直接传达出来。另外,虚拟人缺少情感 AI 算法的应用，没有办法通过判断人说话的情感来转变回复，进而改变情感倾向，实现更人性化的交互。脱离 AI 算法，虚拟人无法建立专属的情感词典，无法实现个性化。

在传感器层方面，目前国内大多数公司使用的还是 BS（浏览器/服务器）技术，通过 52 个融合变形（Blendshape）进行面部表情捕捉，但是由于 52 个表情基准还是无法传达类似于眉毛的弯曲度、肌肉颤动等微表情细节，所以很难将中之人所表达的情感完全传达出来。而目前好莱坞级别的技术，使用的表情基准数量可以达到 500 个以上，从而能制作更精细的面部表情。比如脸赞（FACEGOOD）的 3D 软件 AVATARY 虽然能够高效地完成人脸的采集、解析、绑定和快速驱动，但是目前仅开放了面部制作，躯体的驱动仍然存在许多有待解决的问题。

针对以上瓶颈，中国传媒大学动画学院吕欣教授给出了解决方案。第一，在动作捕捉领域虽然有许多优秀的工程师，但仍然需要跨学科合作。例如，表演领域的专家们对表情和动作的细腻度、准确度和丰富度的把握比较精确，让专家们参与动作捕捉的拍摄，能更好地通过肢体语言去传达情感语义，并且弥补动作捕捉所存在的一些不足之处。第二，使用光学动作捕捉技术，提高躯体动作的精准度。第三，利用深度学习，使用 AI 算法驱动数字人，强化计算机视觉、语音合成、自然语言处理的综合处理能力，脱离动捕服等重装备，通过普通摄像头和识别算法来完成比较精准的驱动。

随着元宇宙的发展，面向虚拟数字人的低代码开发平台也会涌现，为开发者提供多样、便捷的开发工具，实现自动化工作，从而不断降低开发者门槛,为元宇宙的构建带来更大的便利。

作为新生事物,虚拟数字人产业还面临其他诸多挑战。

在技术标准方面,在虚拟数字人产业链上,技术型公司、平台型公司、应用型公司众多,但各企业执行的设计、制作、运营标准并不相同,如何真正让一个个虚拟数字人、一个个"小元宇宙"连通,需要自上而下的政策引导。

中国传媒大学沈浩教授提出,到底虚拟数字人对人类社会意味着什么?说一个比较严重的假设,万一现实的人不和人类结婚了,都去和虚拟人结婚,这时该怎么办?如果沉浸感过强,人就会混淆现实,特别是在社交环境下。我们目前就面临着深度伪造所带来的问题,今天我们已经到了有图没真相、有声音没真相、有视频也没真相的处境中了,因为今天声音、图像和视频都可以合成。从这个角度上来讲,人们需要更多思考一些社会问题。挑战会是巨大的。这是人类进入数字时代后颠覆以往传统观念的挑战,是新的思想是否能被大部分人所接受的挑战。在后真相时代中,什么是真实,什么是虚幻,这都需要人们重新辨析。

第六章

下一站：元宇宙

元宇宙为人类社会实现数字化转型提供了新的路径，并与"后人类社会"发生全方位的交集。数字时代是一个具有可以与大航海时代、工业革命时代、宇航时代同样历史意义的新时代。

经济学家　朱嘉明

提起元宇宙，很多人都会想到史蒂文·斯皮尔伯格（Steve Spielberg）的电影《头号玩家》（*Ready Player One*）中的绿洲（Oasis）。在观看这部电影时，很多人惊叹于斯皮尔伯格的想象力，觉得这个奇幻的世界只是存在于想象中。现实世界中的男主角韦德（Wade）性格害羞、不合群，生活在贫民窟，是社会边缘的小人物。通过穿戴VR设备进入绿洲，主人翁有了一个虚拟身份"帕西法尔"（Parzival），他沉浸其中、如鱼得水，找到了真正的自我，最后成为超级英雄。

时间拉回到1992年，尼尔·斯蒂芬森在科幻小说《雪崩》中写道：

现在,阿弘正朝"大街"走去。那是元宇宙的百老汇,元宇宙的香榭丽舍大道。它是一条灯火辉煌的主干道,反射在阿弘的目镜中,能够被眼睛看到,能够被缩小、被倒转。它并不真正存在……当阿弘进入元宇宙,纵览大街,当他看着楼宇和电子标志牌延伸到黑暗之中,消失在星球弯曲的地平线之外,他实际上正盯着一幕幕电脑图形表象,即一个个用户界面,出自各大公司设计的无数各不相同的软件。若想把这些东西放置在大街上,各家大公司必须征得"全球多媒体协议组织"的批准,还要购买临街的门面土地,得到分区规划许可,获得相关执照,贿赂检查人员,等等。[①]

我们今天讨论的"元宇宙"就源自这本小说。这本小说很厚,估计多数人"啃"不下来,但不影响大家对元宇宙的想象力,就像阿弘眼里的百老汇和香榭丽舍大道,充满了各种奇妙。元宇宙是一个与现实世界平行的孪生数字世界。

科幻电影和科幻小说承载着人类一切想象,激发着人们不断去探索未知。但在现实中,我们对元宇宙的判断还是应该回到科技、经济和社会本身,尤其是回到互联网经济。

20世纪90年代互联网兴起,引发新的信息革命,新经济实现飞跃式发展,而技术的进步也极大地激发了科幻作家的想象力。1992年,尼尔·斯蒂芬森在《雪崩》中描绘了这样一种设定:人类通过VR设备与虚拟人共同生活在一个虚拟空间;1994年,凯

---

① 尼尔·斯蒂芬森.雪崩[M].郭泽,译.四川:四川科学技术出版社,2018.

文·凯利出版《失控》，书中对人类社会进化的思考影响至今；1996年，美国麻省理工学院（MIT）教授尼葛洛庞帝（Negroponte）出版了《数字化生存》(*Being Digital*)，按照他的解释，人类生活在一个虚拟的、数字化的生存活动空间，在这个空间里人们应用数字技术从事信息传播、交流、学习、工作等活动，这便是数字化生存。①

随着互联网、人工智能、VR、5G等技术的迅猛发展，书中描绘的"科幻场景"正逐步变成现实。如今我们的社交聊天、购物、买票、预定酒店或线上视频会议，通过手机应用程序即可足不出户全部完成，互联网给人们带来了虚拟的社会新形态，并由此带来了全新的经济形态——数字经济。我们判断，元宇宙是下一代互联网，无论是面向个人还是产业，元宇宙都不能脱实向虚；无论元宇宙的技术有多么复杂，它最大的载体依然是互联网，尤其是区块链的出现和普及，将我们进一步带到价值互联网的新阶段。

因此，要判断未来30年元宇宙的发展走向，我们有必要回溯过去30年互联网的发展历程。我们不妨一起回到20世纪90年代，沿着互联网的发展主线，逐步展望未来的美丽新世界。

---

① 尼葛洛庞帝. 数字化生存 [M]. 胡泳，范海燕译. 北京：电子工业出版社，2017.

第一节　Web3.0时代的"冰与火"

Web1.0："只读"互联网

我们通常认为互联网发展于20世纪90年代。1991年8月6日，欧洲核子研究委员会（CERN）的蒂姆·伯纳斯·李（Tim Berners-Lee）利用最原始的HTML语言，发明了第一个网站——这标志着互联网时代的到来。尽管互联网早在1969年就宣告诞生，但直到万维网和浏览器的出现，才迅速推动互联网的普及。伯纳斯·李因发明万维网、第一个浏览器和使万维网得以扩展的基本协议和算法而获得2016年度的图灵奖。

这个时期我们称为Web1.0，互联网刚刚推广，用户只能浏览文本、图片以及简单的视频内容，网站提供什么，用户就查看什么，这些网站是"只读网站"。[①] 门户网站和电子商务网站是这个时期的典型，尤其是1994年，诞生了很多日后成为巨头的互联网企业。这一年，30岁的杰夫·贝佐斯（Jeff Bezos）正在华尔街一家基金公司担任副总裁。有一天他在读报时注意到，互联网用户数量以每年2 300%的速度增长，感到震惊的贝佐斯果断辞去了工作，向父母和朋友借了30万美元，租了一间小车库，亚马逊就此

---

① 参考自 https://zhuanlan.zhihu.com/p/454476002。

诞生。

贝佐斯的创业方法很简单，就是列出一张清单，里面有书、船、汽车、电影、CD、药品等可以买卖的商品，经过一番比较和调研后，他发现书是最适合互联网模式的。事实证明这是一个非常正确的选择，亚马逊官网上线才2个月，就已经把书卖到了全世界50多个国家，每周营业额就有2万美元，并且持续飙升，华尔街那些见惯了大世面的股票分析师们也震惊了，没想到互联网电子商务能够发展如此迅速。成立仅仅3年后，亚马逊于1997年在纳斯达克上市，开启了腾飞之路，并发展成为科技巨擘。

2021年7月5日，亚马逊成立27周年的这一天，57岁的贝佐斯宣布卸任CEO，彼时，亚马逊已经从一家在线书店转变为大型在线零售商和云计算公司，公司市值超过1.7万亿美元，贝佐斯个人净资产达到1 970亿美元。7月20日，贝佐斯搭乘自家航天公司"蓝色起源"（Blue Origin）的"新谢泼德"号（New Shepard）火箭成功进入太空并返回，实现了他的太空梦想。

1994年被称为中国互联网元年，这一年的4月20日，由中国科学院主持，中国国家计算机与网络设施（NCFC）工程通过美国Sprint公司连入互联网的64K国际专线开通，实现了与互联网的全功能连接。[①] 从此，中国被国际上正式承认为第77个真正拥有全功能互联网的国家；1994年5月15日，中国第一个Web网站出现；1998年至2000年，搜狐、京东、腾讯、阿里巴巴、百度等公司相

---

① 方兴东等.中国互联网20年：三次浪潮和三大创新[J].新闻记者，2014（4）.

继成立,中华网、搜狐、新浪、网易成功在纳斯达克上市,此后又逐渐形成BAT(百度、阿里巴巴、腾讯)互联网三巨头格局。

以互联网为代表的新产业受到资本热捧,像星河一样璀璨而喧嚣。投资者将大量财富投入到价值被高估的互联网公司中,美国股市陷入了"非理性繁荣"之中。2000年3月,创立于1971年的美国纳斯达克的综合指数攀升到5048,互联网泡沫达到最高点,之后一路下跌到2002年的1114,开启了长达2年的漫漫"熊途"。

在这一轮浪潮中,中国互联网历经筚路蓝缕的初创阶段和风起云涌的爆发调整阶段,然后进入与国际比肩而行的快速发展阶段,目前已经进入大互联网时代,成为中国经济在全球崛起的最好催化剂和主战场。截至2020年12月31日,中国境内外上市的互联网企业总市值达到17.8万亿元;在全球互联网企业市值前30名中,中国有11家企业上榜,市值占比30.8%。[①] 中国已经成为名副其实的网络大国。

Web2.0:"可写"互联网到移动互联网

2005年,以Twitter为代表的Web2.0重新定义了互联网。2007年第一代iPhone诞生,智能手机时代开始。同年,中国网民数量超过2.285亿,第一次超过美国,中国成为全球网民数量最多的国家。以互联网为代表的新经济真正迎来爆发期,并诞生了众多互联

---

① 2020年四季度我国互联网上市企业运行情况 [R].北京:中国信息通信研究院,2020.

网巨头，其市值重新改写了股市排行榜。

这一时期，互联网从 Web1.0 的"只读"进化到 Web2.0 的"可写"，人人可以在网上发布自己的内容。Web1.0 时代的信息生产没有脱离传统的信息生产模式，即记者—编辑—发布的模式，但 Web 2.0 却完全颠覆了这个模式，用户不仅仅是访问者，还可以生成自己的内容。麻省理工学院的《技术评论》（Technology Review）称 Web 2.0 "强调分众传播的对等信息交互，也就是信息接受者同时也是这些信息的创造者"。博客就是这一模式的集大成者，以博客为代表的 Web2.0 概念推动了中国互联网的发展，并成为一种互联网现象。

2004 年，还在哈佛大学读书的扎克伯格创建了一个网站，放上几张照片让浏览者选择最佳外貌的人，并且根据投票结果来排行。这个网站就是日后万亿市值的互联网巨头 Facebook，那一年扎克伯格才 20 岁。互联网的传奇故事还在继续。2005 年 8 月 5 日，百度公司在美国纳斯达克挂牌上市，股票发行价为 27 美元，在首日交易中，以 66 美元跳空开盘，股价最高达到 151.21 美元，收盘价为 122.54 美元，涨幅达 354%，创下 2000 年互联网泡沫以来 5 年间纳斯达克 IPO（首次公开募股）首发上市日涨幅最高的纪录，创造了中国互联网发展的又一个新高度。

2007 年 1 月 9 日，史蒂夫·乔布斯（Steve Jobs）经过 2 年 6 个月的准备之后，推出第一部苹果智能手机 iPhone，历史上革命性的智能手机产品就此诞生，"触屏手机＋邮件＋移动互联网"成为智能手机的标配，历史翻开了新的一页。2008 年 "3G 元年"的到来开始推动移动互联网的蓬勃兴起。2012 年，来自福建龙岩的程序员张一鸣在北京知春路开启了字节跳动的创业之路，依靠算法引擎颠覆了我们通过查找获取信息的传统方式，尽管刚开始他遇到了一些阻碍，但这阻止不了字节跳动的崛起之路，字节跳动陆续推出今日头条、抖音、西瓜视频、TicTok 等 App，造就了移动互联网时期最大的传奇，也将这个 80 后推上了《福布斯》(*Forbes*) 全球 Top50 富豪榜。同时期还有拼多多、美团、滴滴等新晋国内移动互联网新贵。

微信和抖音是这个时代"最粘手"的工具型产品，人们的在线时长随产品的推出呈爆炸式增长。线上社交、网上购物、短视频、互联网理财等逐步成为大家的生活方式，越来越多的人选择在线上消耗时间，也因此带来了过度沉迷网络的问题。

2011 年，移动即时通讯软件出现井喷。2011 年 1 月 21 日，腾讯推出微信 iPhone 版，依托 QQ 积累的庞大用户基础实现了快速增长，当年微信用户数就突破了 5 000 万。

2014 年 1 月 27 日，微信推出红包功能，进一步引爆了微信应用；同年 1 月 30 日，腾讯开盘价为 520 港元，当日持续上涨，最高达到 543.5 港元，市值突破 1 万亿港元大关。到 2021 年初，腾讯市值达到历史最高峰 7.3 万亿港元（约 9 300 亿美元），进入全球公司市值 Top5 榜单，相比上市时的市值增长了 1 550 倍！

2021 年 1 月 19 日，"微信之父"张小龙在"微信之夜"活动上表示，每天有 10.9 亿用户打开微信，3.3 亿用户进行视频通话；有 7.8 亿用户浏览朋友圈，1.2 亿用户发表朋友圈，其中照片 6.7 亿张，短视频 1 亿条；有 3.6 亿用户阅读公众号文章，4 亿用户使用小程序。微信支付已经像钱包一样，成为人们日常生活的一部分。

从中国发展的历史看，互联网的发展史堪称开天辟地的时代传奇。

Web3.0：价值互联网

Web3.0 再次重新定义互联网，最大的变化是区块链技术的出现——往往被称为"价值互联网"（图 6.1）。如果说 Web1.0 和 Web2.0 主要解决的是数据上线的问题，人们能够通过互联网了解、获取和交换信息，这个阶段的模式主要是中心化，诞生了一批互联网巨头，那么 Web3.0 则解决了数据和资产权属的问题，包含资产权属、知识产权权属（包含但不限于传统 Web2.0 的文字、图片、声音、视频等），同时让数据和资产借助区块链实现自由流通与价值转移。有趣的是，区块链的出现开始回归初代互联网的"去中心化"信条。

Web3.0 最典型的代表物是比特币（Bitcoin）和区块链，在过去十余年时间，加密数字货币所引发的创新和争论从未停止过。2008 年全球金融危机爆发，同年 11 月 1 日，一个自称中本聪（Satoshi Nakamoto）的人在 P2P Foundation 网站上发布了比特币白皮书《比特币：一种点对点的电子现金系统》(*Bitcoin: A Peer-peer Electronic Cash System*)，陈述了他对加密数字货币的新设想。2009 年 1 月 3 日，比特币创世区块诞生，成为区块链的第一个应用。比特币总量恒定在 2 100 万枚，通过工作量证明（Proof of Work，简称 PoW）原理，依靠挖矿发放奖励，每区块理想的产出时间为 10 分钟，奖励每 4 年减半，如此计算大概到2140年能够完成全部奖励发放。

	WEB 1.0（1990S-2005） PC互联网	WEB 2.0（2005-2020） 移动互联网	WEB 3.0（2021-未来） 元宇宙
主要特征	只读	可读、可写 支持用户创作	价值互联网（可确权）
典型代表	文本、音频	博客、APP、短视频	扩展现实(XR)、NFT
主要技术	互联网、语音合成	智能手机、移动互联网、深度学习	区块链、人工智能、人机交互等
用户体验	二维	二维	三维沉浸式
代表性企业	亚马逊（1994）、网易（1997）、谷歌（1998）、腾讯（1998）、阿里巴巴（1999）、百度（2000）、脸书（2004）	TWITTER（2006）、苹果IPHONE（2007）、微信（2011）、今日头条（2012）、滴滴（2012）、美团（2013）、抖音（2016）	MICROSOFT、META、NVIDIA、百度、腾讯、字节跳动等进军元宇宙

图 6.1　Web1.0、Web2.0 和 Web3.0 的区别

多数人听到比特币的第一反应是，它必将失败，但往后发生的一系列故事都与这些人的预期相反。2010年，一个名叫拉斯洛·汉耶兹（Laszlo Hanyecz）的程序员用一万个比特币购买了两个披萨，当时一枚比特币价值仅为0.003美分。2011年2月初，比特币和美元同价，达到1美元，已经离开新东方的英语辅导老师李笑来决定大量买进，据说他一不小心还成了中国"比特币首富"。时至2021年，单个比特币最高价格达到69 000美金，10年之间的涨幅惊人！按照目前全部流通量大约1 860万枚计算（也有说法认为大概有400万枚比特币丢失），比特币市值接近1.3万亿美元，超过了腾讯的最高市值。风险投资家克里斯·伯尼斯克（Chris Burniske）在《加密资产》（Cryptoassets）中分析道，从2010年7月至2017年1

月,加密数字资产的绝对回报和风险调整后的回报(夏普比率)都要好于标普500指数及Facebook、亚马逊、奈飞、谷歌这4家美国最大的互联网公司的股票组合。耶鲁大学捐赠基金甚至将比特币作为另类资产进行配置。

比特币不是由某国央行发行,却可以在全球流通,而且由于不需要实名,甚至通过邮件就可以完成"转让"或"存储",因此成为跨国洗钱的"温床"。2013年12月5日,中国人民银行、工业和信息化部、中国银行业监督管理委员会、中国证券监督管理委员会、中国保险监督管理委员会联合发布《关于防范比特币风险的通知》,明确了比特币的性质,认为比特币"不是由货币当局发行,不具有法偿性与强制性等货币属性,并不是真正意义上的货币。从性质上看,比特币是一种特定的虚拟商品,不具有与货币等同的法律地位,不能且不应作为货币在市场上流通使用。但是,比特币交易作为一种互联网上的商品买卖行为,普通民众在自担风险的前提下拥有参与的自由。"①

可以说,加密数字货币是Web3.0时期最特殊的产物,在全球也是一个争议极大的领域。美国国会也给予了高度关注,尤其对碳排放、反洗钱、冲击美元地位等问题表示担忧。2019年10月24日,扎克伯格就曾出席华盛顿国会听证会,接受议员们关于Facebook发行稳定币Libra的问询,尽管他再三解释和承诺Libra将代表美国利益,但面对众多议员的诘难,他的脸色也极为难堪。2021年

---

① 参考自 http://www.gov.cn/gongbao/content/2017/content_5181095.htm。

12月8日，美国众议院金融服务委员会举行主题为"数字资产和金融的未来：了解美国金融创新的挑战和好处"的听证会，共和党和民主党议员都参与其中。FTX、Circle、Coinbase等具有代表性的部分加密企业出席并就市场日益增长的重要性和行业对监管的渴望进行了作证。这次听证会较此前友好，加密矿企BitFury的CEO布莱恩·布鲁克（Brian Brook）甚至还向议员们科普了"Web3.0"概念。

关于Web3.0，共和党众议员帕特里克·麦克亨利（Patrick McHenry）表示，加密领域的技术"已经受到监管"，但现有的监管框架可能笨拙且不是最新的，并具有过度监管的倾向。帕特里克称，"加密货币相比互联网对未来的影响可能更大，目前需要的是合理的规则，不是仅仅出于对未知的恐惧而进行的下意识的监管，这只会扼杀美国的创新能力，让美国在竞争中处于劣势，我们如何能确保Web3.0革命发生在美国？"

本次听证会长达近5个小时，媒体将其称为"史上对加密行业最友好的一次听证会"，可以看出，美国监管正抱持着开放的态度接受这个新事物并希望更好地进行监管。

中国则给出了自己的解决方案，由央行率先试点发行数字人民币。

其实无论是学界、产业界还是政府层面，对Web3.0并没有统一的界定，但元宇宙绝非"法外之地"。此外，区块链技术作为一种价值互联网已经是达成的共识，并被认为是支撑未来经济体系最重要的信任基础。毫无疑问，在这一波浪潮中，还会有新的巨头冉冉升起。

第二节　元宇宙六大主要特征

中国互联网络信息中心数据显示，截至2020年12月，我国网民数量已达9.89亿，互联网普及率达70.4%，其中手机网民规模为9.86亿，移动互联网渗透率达99.7%。互联网巨头已实现高度渗透，2021年3月腾讯系、阿里系、百度系的渗透率分别为96.1%、95.8%和92.4%，互联网流量格局趋于稳定，曾经的移动互联网红利逐渐消退，互联网经历20余年的发展之后逐渐遭遇瓶颈，平台形态在内容载体、传播方式、交互方式、参与感和互动性等方面长期缺乏突破，导致"没有发展的增长"，各个平台开始陷入内卷。只有布局新的内容和消费场景，才有望开启新的红利期。

元宇宙演进周期

在这种情况下，元宇宙使互联网公司看到了未来的曙光——原来，还可以在虚拟世界中创造内容和消费场景。越来越多的互联网公司开始进军元宇宙领域，以抢占互联网行业商机，并把元宇宙当作公司未来存亡和发展的关键。随着Meta、微软、腾讯、百度等公司在元宇宙领域的发力投入，更多的资本将会涌入，更多的新技术也会被研发出来，元宇宙将成为互联网行业发展的下一个红利时代。

彭博行业研究报告预计元宇宙将在2024年达到8 000亿美元

市场规模，普华永道预计元宇宙市场规模在 2030 年将达到 1.5 万亿美元。

根据 Gartner 公司发布的"2021 年新兴技术成熟度曲线"，建立信任、加速增长以及塑造变革将是三大主要趋势，并可推动企业机构去探索诸如 NFT、主权云、数据编织、生成式人工智能和组装式网络等新兴技术，从而确保竞争优势。

（1）建立信任。建立信任时需要关注的技术包括主权云、NFT、机读法规、去中心化身份、去中心化金融、同态加密、主动元数据管理、数据编织、实时事件中心和员工通信应用。

（2）加速增长。为了实现加速增长，应探索以下技术：多重体验、行业云、人工智能驱动的创新、量子机器学习（ML）、生成式人工智能和数字人类。

（3）塑造变革。希望塑造变革的企业机构应考虑组装式应用、组装式网络、人工智能增强设计、人工智能增强软件工程、基于物理信息的人工智能、影响力工程化、数字平台指挥者工具、命名数据网络和自集成应用。

元宇宙发展阶段

从目前各方对元宇宙的理解与认识来看，要想实现元宇宙的最终形态，可能需要一个极其漫长的过程，综合来看可以分为三个阶段。

第一个阶段（准备期）：主要涉及元宇宙的基础设施建设，往往以"社交+游戏"的形态,沉浸式体验形成雏形,在虚拟世界中可以实现基本的娱乐、社交功能。其中虚拟数字人是当前巨头公司布局元宇宙必须突破的桥头堡,包括批量化生产、多元化应用、社交互动、跨界融合、商业化路径等。虚拟偶像、游戏等率先实现商业化,少部分玩家对元宇宙形成归属感。第一阶段的技术支撑主要有通信技术5G、人工智能、云计算、机器人、VR、AR等。

第二个阶段(启动期):虚拟或现实概念逐渐模糊,消费、金融、生活服务等真实世界的元素被接入到虚拟网络中,用户基数和使用时长有了极大提升,数字身份治理体系逐步完善,元宇宙的价值体系初步构建并逐步与现实社会相融合,成为人们生活中重要的一部分。第二阶段的技术支撑包括区块链技术、数字孪生、交互技术等。

第三阶段(爆发期):数字化程度极高,虚拟和现实世界密不可分,用户基数和使用时长达到极大,现实中的生活和商业活动大部分都可以在元宇宙中实现,在虚拟世界中形成新的文明。第三阶段的技术支撑将拓展到脑机接口、能源科学、生物科学、芯片技术等。

元宇宙的六大核心特征

元宇宙是现实世界和虚拟世界的融合,比现实世界更大,效率更高,人们更直接地建立连接,更快地搭建起社会关系。元宇宙代表更高阶的经济形态和数字文明。

从核心特征上看,元宇宙应该具备"人"、"场"、"物"、数字科技、数字经济和数字文明六大核心特征（图6.2）。

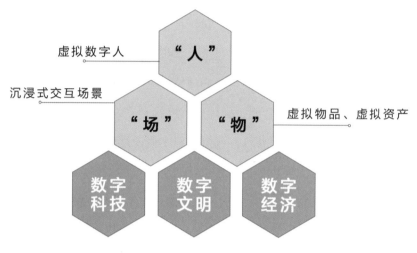

图6.2　元宇宙六大基本特征

"人"是指虚拟数字人，是元宇宙最核心的交互载体，可以是虚拟人物，也可以是我们每个人的虚拟化身，人与"人"的关系数字化，交互更加自然。目前虚拟偶像、数字员工和虚拟主播等率先实现商业化，在很多场景得到了广泛应用。

"场"是指沉浸式交互场景。得益于高速度、低时延的网络环境和沉浸式体验的智能终端设备，元宇宙强调立体式、沉浸式的体验，与移动互联网的平面化体验有很大区别。

"物"主要是指虚拟物品、虚拟资产。如果说数字经济是元宇宙最典型的经济特征，数字资产则是数字经济最典型的代表。尤其是区块链技术带来价值互联网，中心化和去中心的价值体系可能长期共存。

数字科技是数字化发展的重要支撑。无论是创建虚拟数字人和虚拟场景，还是人与"人"的交互、经济往来，都离不开数字科技的支撑。区块链、物联网、深度学习、虚拟现实、数字孪生、类脑科学等更多新兴科技将得到广泛应用，并带来全新的数字化生存方式。

数字经济是我们现实社会的重要经济特征，也是元宇宙的"核心躯体"。目前我们的社会经济形态已经越来越体现出数字化特征，我们的金融活动如支付、信贷、理财等在很大程度上都已经完成了线上化和数字化，数字人民币也开始登上历史舞台。未来的经济体系将更加充满想象力，而且一定会更加普惠、便捷和安全。

数字文明则是元宇宙的"内核"。元宇宙不止局限于一个游戏或一个平台，而是一个完整映射现实世界的跨网络文明生态，身份治理、社会伦理、网络安全等更为复杂，但最终将迎来价值观趋同、更加包容的文明共同体。

随着元宇宙的发展，元宇宙将会逐步重构现实世界中的社交、生活、生产系统和社会经济系统，实现消费互联网和产业互联网的线上、线下一体化。人们可以通过元宇宙内的虚拟身份进行娱乐、社交、创造、工作等活动，获得在虚拟世界中的归属感。同时，在新的供需体系和社会共识下，人们在虚拟世界中所进行的生产、交易等会与现实世界相结合，虚拟世界和现实世界将会形成一套完整的、形成闭环的社会经济系统。

未来，随着各种技术的发展、突破和融合应用，像《头号玩家》电影中的"绿洲"终会出现，人们可以拥有一个或多个虚拟身份，随意穿梭于元宇宙的各个角落，在和人们交流的过程中结识朋友。同时借助更先进的 VR 设备和更快速的网络，人们能够获得更好的沉浸式体验，甚至当虚拟身份在元宇宙中与人打斗时，本人的身体也会实时感到一定程度的疼痛。此外，在区块链加持的稳固、完善的经济体系中，人们可以在元宇宙中经商、劳动、挣钱，最终在长久的发展中，人们在元宇宙中也会建设出新的文明。

第三节　飞船派和元宇宙派

随着互联网的发展，数字化程度与日俱增，人们的生活方式已经发生了巨大的变化，并由此开启一种全新的数字化生活方式。

当前，人类的未来有两条路：一条向外，通往外太空的"星辰大海"；一条向内，通往虚拟现实的元宇宙。前者是以"火星人"马斯克（Musk）为代表的"飞船派"，选择向外探索太空；此外，典型代表还有贝佐斯，他在 2000 年便成立商业太空公司"蓝色起源"，从亚马逊退休之后乘坐自家"新谢泼德"号火箭成功进入亚太空并返回。后者是以 Meta 公司"蜥蜴人"扎克伯格为代表的"元宇宙派"，选择向内寻求发展；代表人物还有英伟达创始人"皮衣教主"黄仁勋，他们都公布了雄心勃勃的元宇宙战略。

元宇宙概念兴起之际，也是争论不断之时。从理论上讲，飞船派和元宇宙派并不矛盾，几乎所有的争议也只是停留在口舌之战。

自古以来，中国人就有宇宙星辰的梦想，"嫦娥奔月"就是中华民族流传千年的美丽传说。如今，梦想正变成现实，中国人在探索星辰大海的浩然征途上正大步向前。

2021年4月29日，长征五号B运载火箭以万钧之力，将中国空间站核心舱成功送入太空，我国载人航天真正迎来"空间站时代"。同年6月17日，神舟十二号载人飞船搭载的航天员聂海胜、刘伯明、汤洪波先后进入"天和"核心舱，标志着中国人首次进入了自己的空间站。而除了三位宇航员，中国空间站也迎来了一位特别的数字记者——全球首位数字航天员小诤，带着大家一同了解航天，遨游太空。

在我们的有生之年，或许很难有机会进入真正的太空，亲身感受失重的感觉，眺望我们美丽的地球家园。但或许，我们有极大的概率，以虚拟分身的方式进入元宇宙的太空空间，沉浸式地感受太空浩瀚之美。

遥想未来，致敬理想，致敬科技。

曾多次获中国科幻小说银河奖、全球华语科幻星云奖等奖项的作家陈楸帆认为，元宇宙意味着自由探索，"人类通过元宇宙的方式能够抵达任何宇宙飞船或超光速飞行所无法抵达的更深远、更本质、更恢弘的宇宙，迎来文明的全新阶段。"

未来，已经到来

在元宇宙时期，现实世界中的人可以借助虚拟分身进入元宇宙，在其中开辟疆土，创造虚拟财富并实现对数字资产的配置，成为元宇宙的虚拟原住民。这些原住民拥有现实人和虚拟分身双重身份，可自由穿梭于现实世界和虚拟世界。

科幻电影《银翼杀手2049》中展现了未来社会的复杂性：真实的人类和虚拟数字人、复制人等物种共同生存，虚拟数字人和复制人从外表上看与真人并无差别，仅从外貌来看，根本难以辨别一个人究竟属于哪一物种。而在未来，元宇宙中的主体势必会走向多元化，甚至可能比《银翼杀手2049》中描述的社会更为复杂。

未来，随着技术的不断发展，各大互联网公司和一些专注于游戏、社交的公司将会加深合作，打造出一个个独立的、小范围的元宇宙。随后，随着泛娱乐沉浸式体验平台的发展，元宇宙将向更多的体验拓展，消费、教育、会议等活动都可以在虚拟世界中实现，同时随着虚拟世界消费行为的不断增加，以及数字货币和基于NFT的数字信息资产化，虚拟世界中将逐步建立完善的经济系统，部分不同的元宇宙中将会实现资产的流通和社交网络的连通。最后，不同的、小小的元宇宙空间将会逐渐形成一套完整的标准协议，每个单独的元宇宙将会聚合在一起形成真正意义上的元宇宙。

让我们拭目以待。

第七章

元宇宙前夜：疯狂的数字资产市场

虚拟现实、生命科学、科学计算对人类生活的影响都已现黎明之曙光，这些需要我们突破业务的惯性去探索。

字节跳动创始人　张一鸣

在元宇宙兴起之前，加密数字货币、虚拟货币、NFT等概念已经流行起来。2020年以后，NFT开始盛行，并被认为是元宇宙时代最重要的数字资产之一。众多品牌和明星参与其中，NFT是风口还是虎口，一时争议不断。

什么是NFT

2021年3月，Twitter首席执行官杰克·多尔西（Jack Dorsey）以290万美元的高价出售了他在2006年发布的第一条推文做成的NFT，随后他将这笔收益捐给了一个公益组织"GiveDirectly"，该组织向受新冠肺炎疫情影响的非洲贫困家庭提供现金援助。Twitter作为Web2.0时代的典型产物，以这样的方式迎接Web3.0

时代。

2021年9月，NBA明星球员史蒂芬·库里（Stephen Curry）以18万美元的价格买下了一个NFT作品——一个来自"无聊猿猴游艇俱乐部"（Bored Ape Yacht Club）的猿猴头像，并把他的社交媒体头像改成了这只"猿猴"，这也是继NBA传奇巨星科比（Kobe）去世后，库里第一次更换头像，引发网友热议，还登上了微博热搜。

大家都在好奇，为什么一个数字头像售价如此之高？NFT到底是什么？

通俗而言，NFT是数字资产的一种重要形态，是指基于区块链技术的非同质化代币或通证，可用于数字资产确权，往往被认为是未来连接元宇宙与现实世界的经济系统。如果虚拟偶像、虚拟游戏等是进军元宇宙的主要形式，那么NFT则被认为是进军元宇宙的重要标志。NFT完全以数字形式存在，包括照片、视频等类型，目前在国内以数字藏品最为人所熟知，除此之外，游戏道具、虚拟土地、数字版权、虚拟服装、数字金融产品等都可以做成NFT作品，具有收藏、欣赏等价值。NFT首次进入大众视野是在2017年，当年一款名为"CryptoKitties"（加密猫）的云养猫游戏爆火，NFT获得大量关注。之后随着CryptoPunks（加密朋克）和CryptoKitties等收藏品项目的推出，NFT开始进入大众视野。

不同于同质化代币，如比特币，可以切割为0.001BTC甚至更小单位，NFT具有稀缺、不可分割、独一无二的属性，因此可以作为元宇宙的数字权证,就像现实生活中的"房产证"。NFT 的特性与数字艺术品、游戏、虚拟品牌等比较吻合,与之相结合最容易碰触火花,目前受到市场的热烈追捧,但多数交易是"非理性"的(表 7.1)。

表 7.1　同质化代币 VS 非同质化代币

同质化代币 Fungible Token(FT)	非同质化代币 None-Fungible Token(NFT)
具有统一性 代币之间相同,如比特币、以太币等	具有独特性 每个 NFT 都是独一无二的。
可分割 FT 可分割为更小单位,价值等同即可	不可分割 NFT 不可分割,基本单位为一个 Token
可拆分 易于拆分,可交换	不可拆分 具有独特性,应用场景多样化
ERC-20 以太坊区块链协议,支持发布 OMG、SNC、TRX 等代币	ERC-721 以太坊区块链新协议,支持发布 NFT、数字藏品等

随着元宇宙的爆火,NFT 也再次涌起热潮,其涉及领域越来越广泛,包括数字艺术、虚拟资产、游戏、域名、门票、音乐等,还出现了一系列"天价交易"事件,其中最轰动的莫过于佳士得拍卖艺术家 Beeple(原名 Mike Winkelmann,迈克·温克尔曼)的数字艺术作品《每一天:前 5 000 天》(*Everydays: The First 5 000 Days*)。

第一节　一场天价拍卖会

Beeple 是一名来自美国威斯康辛州的数字视觉艺术家,在网络上以 Beeple 的名字被人熟知。Beeple 的灵感通常来源于各种奇幻的场景或者科幻小说,从 2007 年 5 月开始,他每天坚持创作一幅作品,每幅作品都有日期记录。他一般先用 AI 构图,然后 C4D 建模渲染,最后 PS 调整完稿。《每一天:前 5 000 天》是他将 5 000 幅作品用 NFT 加密技术组合拼贴而成。根据他的要求,佳士得选择不对拍卖进行常规估价,整个竞拍全程在网上进行,从 2 月 25 日开始,在历时 15 天的网络竞拍时间里,该作品从 100 美元起拍,在最后截止拍卖的半小时里,竞拍价格上演了疯狂一刻,从 1 475 万美元升到 2 025 万美元、再到 5 075 万、6 025 万美元……,33 位竞标者总共进行了 353 次竞标,最终以 6 025 万美元落槌,加上佣金共 6 930 万美元的天价成交(约 4.5 亿人民币),打破了 NFT 作品的最高拍卖价格记录。

在拍卖结束后,佳士得(Christies)在一份声明中表示,"随着我们业务的发展,艺术的创作方式也在不断发展。Beeple 的成功证明了这个新兴市场所带来的令人兴奋的可能性,也向所有数字艺术家发出了号召——您的作品具有价值。请继续努力。"

扣除拍卖费和税款,Beeple 本人获得了价值 5 300 万美元的以太币(ETH)。但 Beeple 本人并不信奉虚拟货币,看到 ETH 的价格波动,他果断选择将ETH换成美元，然后预定了一辆私人飞机庆祝。

Beeple说："说实话，我绝对认为这是一个泡沫。"他也坦承，自己并不是一个纯粹的加密主义者，他追求的只是数字艺术的创作。

而类似的疯狂显然不是个例，这种现象已经蔓延到了虚拟地产。

2021年11月23日，歌手林俊杰在Twitter上宣布，自己购买了Decentraland平台上的三块虚拟土地，正式涉足NFT市场。林俊杰购买的土地分别是：Prime Gallery 1、Prime Gallery 2和NEAREST to GENESIS PLAZA，大约花费78万美元。

Decentraland是建立在区块链和加密货币基础上的虚拟地产交易平台，2020年2月正式上线，运行在以太坊上。用户可以在该平台购买土地、参观建筑物，还可以与其他玩家会面、谈话。目前，该平台共发行9万块土地，创建了A城、龙城、龙王国等社区。

类似的虚拟地产平台还有The Sandbox。2021年11月30日，The Sandbox上的一块虚拟土地以430万美元售出，创下新纪录。紧接着12月9日，香港地产大亨郑志刚加入"炒房团"，购入The Sandbox中最大的数字地块之一，希望打造"创新中心"，投资金额约为500万美元。

有统计显示，在2021年11月22日—28日的一周内，4个最主要的元宇宙虚拟地产交易平台的总交易额突破惊人的1.06亿美元。

第二节 全球主流 NFT 交易平台

元宇宙和 NFT 大势袭来，各类 NFT 产品越来越受到用户的追捧，各类各具特色的 NFT 交易平台也如雨后春笋般涌现，资本开始涌入。目前，整体而言，国外市场已经比较繁荣，国内市场还处在萌芽期。

市场规模

NFT 的技术门槛相对较低，但商业化能力很强。根据 NonFungible（NFT 数据平台）数据，2021 年上半年，NFT 行业整体市值就高达 127 亿美元。截止 2021 年第三季度，在数字藏品领域，收藏品与艺术品的交易规模占 85%，且占比仍在上升，游戏、实用工具、虚拟世界等分别占 7%、4%、2%（图 7.1）。

从实践来看，NFT 目前主要有三种商业形态。

第一种是 NFT 交易平台，类似于电商平台，主要以售卖 NFT 作为盈利方式。目前全球最大的 NFT 交易市场是 OpenSea，支持从发行到交易等全流程，主要支持以太币，目前已经开始爆发性增长。还有部分平台是垂直领域，如针对数字艺术品的交易平台，这些平台主要是 UGC 的模式，支持用户自己创作或直接上传 NFT 作品。我国禁止使用任何加密数字货币，目前腾讯、支付宝、头号偶像等公司均发布了自己的数字藏品平台,以发行数字艺术品、文创IP为主,只支持法定货币进行购买、转让和交易。

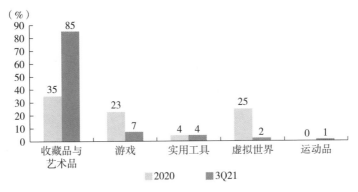

图 7.1　各类型 NFT 的市场规模占比

资料来源:NonFungible

第二种是品牌方发行数字藏品,主要以品牌营销为主要目的。数字藏品目前受到全球广大消费品牌的热烈追捧,NIKE、Adidas(阿迪达斯)、Pepsi Cola(百事可乐)、Gucci(古驰)、美国传奇影业等品牌纷纷推出数字藏品;我国的一些品牌,如腾讯、奈雪的茶、百信银行等尝试性发行了数字藏品;头号偶像则在国内率先推出了"头号藏品"平台,定位"让每一个品牌都拥有数字资产",为虚拟偶像、知名品牌提供数字藏品综合解决方案。

第三种商业形态较为传统——拍卖。佳士得、苏富比(Sotheby's)等老牌拍卖行均将 NFT 作品作为重要的发力点。Art Market Research(艺术品市场研究)数据显示,世界顶级拍卖行的 NFT 销售额占比已达到 5.5%,其中,佳士得在 2021 年卖出逾 1 亿美元的 NFT,苏富比卖出 6 500 万美元的 NFT。短短不到两年时间,这无疑是一个飞跃。

在交易平台方面，以 OpenSea 为例，它覆盖了数字艺术品、加密收藏品、游戏物品、虚拟土地、域名等各细分领域。OpenSea 成立于 2018 年，定位是基于区块链的面向全球的去中心化交易所（Decentralized Exchange，简称 DEX），提供点对点（peer-to-peer）的以太坊 NFT 交易。任何人都可以免费创建和出售 NFT，且出售时无需支付任何 Gas 费（一种交易手续费），但每次成功销售后，OpenSea 会收取 2.5% 的佣金，部分游戏开发商则会收取交易金额的 7.5%。而创作者可对商品的二次销售自行设置版权费，开发者或创作者每两周会收到二次收益，未来随着此流程的自动执行，开发者或创作者将会立即获得收益。

2018 年 5 月，OpenSea 完成了 200 万美元种子轮融资。2021 年 3 月，OpenSea 获得由 a16z 投资公司（全称 Andreessen Horowitz，安德森·霍洛维茨基金）牵头的 2 300 万美元 A 轮融资。

据公开数据显示，2021 年 11 月，OpenSea 的交易量首次超过 100 亿美元，而同年 8 月，该平台的总交易量仅为 10 亿美元。与其他主要平台相比，OpenSea 在交易量上遥遥领先。根据 Dune Analytics（区块链分析平台）的数据，OpenSea 在 11 月新增交易用户超 10 万，至少进行过一笔交易的注册用户数量约为 718 000 人。

相比于国外市场，目前国内市场对 NFT 的界定以及用户对 NFT 的认知还比较模糊，除了少数互联网公司推出交易平台，其他平台都以垂直类为主，均处在早期阶段，目前市场规模还非常小。

以支付宝为例。2021 年 6 月，支付宝基于蚂蚁链，以小程序的形式上线了NFT平台"蚂蚁链粉丝粒",12月品牌升级为"鲸探"。支付宝最早发行了两款限量版敦煌主题NFT付款码皮肤,分别是敦煌飞天和九色鹿皮肤,每款NFT限量8 000份,售价为10支付宝积分再加9.9元。精美的皮肤加上浓厚的文化寓意,让用户参与极为热情,两款NFT一经上线便被抢光,意味着一共卖出15.84万元。之后有人将这款皮肤上线闲鱼二手交易平台,最高炒到150万元一个,之后被闲鱼下架。为了规范市场秩序,支付宝随后规定用户必须在持有3个月以后才能转让。

第三节 花样百出的NFT品牌营销

虚拟品牌,难逃"真香"定律

各大品牌不只是在公开市场上进行NFT的发行和交易,在NFT的营销上也是花样百出。

有这样一种"不存在的球鞋",买到它之后,人们无法将它真的穿到脚上,只能在线上试穿。然而就是这样一种虚拟球鞋,却受到了人们的追捧。

2021年3月,虚拟潮牌RTFKT Studios和艺术家Fewocious推出联名鞋款,每款定价3 000美元至1万美元不等,仅开卖7分钟便售出600余双,总销售额超过310万美元。

RTFKT Studios 是虚拟品牌市场最资深的玩家之一,成立于 2020 年,主要业务有运动鞋设计、皮肤设计、游戏设计等,其中虚拟运动鞋最为知名,他们"生产"的虚拟球鞋本质上是一种 NFT 产品,具有独一无二的特性。每双鞋上都带有独立编号,可以像普通运动鞋一样交易,整个交易过程都是可追溯且不可伪造的。

虚拟运动鞋不必具备实用性,它的卖点其实就在于设计性。RTFKT Studios 的虚拟球鞋就极具设计性,在外形和颜色设计方面十分大胆。同时,这些虚拟运动鞋还有着十分符合其形象的名字,如赛博运动鞋、游戏运动鞋等。

这些虚拟球鞋会定期在 RTFKT Studios 的网站上被拍卖,人们通过数字货币进行竞标。购买成功的人可以在 Snapchat、Ins 等社交平台上"试穿"这双鞋,同时通过 AR 滤镜查看穿着效果。虚拟球鞋大多以游戏中的形态、照片等方式展示出来,相比于购买一双运动鞋,这更像是用数字货币购买一种存在于区块链中的游戏道具。除了虚拟球鞋之外,RTFKT Studios 还将这种数字时尚延伸到了时装领域,推出了同样只能在虚拟世界中使用的虚拟夹克。

或许是为了抢占元宇宙市场,2021 年 12 月,NIKE 宣布收购 RTFKT,虽然收购金额没有公开透露,但据一些内部消息,NIKE 付出了极大的代价,以超出传统线下大品牌的价格将这个新兴的虚拟潮牌收于麾下。

"我们都是玩着电子游戏长大的,创造友谊、创造难忘的故事并收集道具,而元宇宙便是这些体验的自然进化。当你想到今天,15 岁的孩子已经玩了 10 年的《我的世界》,你就会意识到下一代已经准备好构建元宇宙了。在品牌商层面，这也是一个巨大的转变，所面对的不再仅仅是'消费者'，而是活跃于消费者社群中的创造者。这是每个人重新思考自己角色的机会，将权力真正地转移到创造者。"RTFKT联合创始人贝诺瓦·帕格托（Benoit Pagotto）如是说。

随着虚拟球鞋市场的火爆，其他品牌也嗅到了商机，推出虚拟鞋，为品牌增添了科技色彩。2021年3月，奢侈品牌Gucci推出首款"Gucci Virtual 25"虚拟鞋，售价为11.99美元。人们可以在Gucci App或Roblox上虚拟试穿，并将相关图片、视频发表在社交平台上。Adidas则宣布推出AdiVerse，Verse正是取自Metaverse。Adidas发言人在一份声明中称，元宇宙目前是数字领域最令人兴奋的发展方向之一，也将成为Adidas深耕的平台。

越来越多的消费者开始热衷于购买虚拟产品，并且他们的消费潜力相当惊人。无论是新兴的虚拟品牌，还是传统知名品牌推出NFT，都表明了企业对于元宇宙的向往。尽管距离真正的元宇宙虚拟购物还有很长时间，但作为品牌的数字营销新方式，元宇宙实在是不容小觑。

百信银行：发行银行业首个数字藏品

2021年11月18日，百信银行在业内率先发行了数字藏品，纪念公司成立4周年（图7.2）。该藏品基于百度的区块链技术，在百度超级链上发行，具有唯一性和不可篡改性，是银行业首个数字藏品，而这个举动的背后，是百信银行对元宇宙数字资产领域的一次试水。

该藏品以富有科技感和时尚感的虚拟 IP 为切入点，用数字艺术的方式与年轻用户进行品牌心智的对话，可谓匠心独具。

百信银行是由中信银行和百度联合发起设立的国有控股互联网银行。百信银行的诞生带着浓厚的互联网和科技基因。作为原生的数字普惠银行，百信银行与数字经济具有天然的耦合性。自诞生之日起便在数字化创新、品牌年轻化、产品价值观传递等多个方向进行探索，通过虚拟数字人、短视频、直播等多种方式与年轻用户进行品牌心智的对话。此次发布的虚拟 IP 更强调年轻、时尚，带有明显的母品牌 Logo 标识，引发用户共鸣。

图 7.2　百信银行 4 周年纪念数字藏品

"未来 30 年，我们判断是下一代互联网崛起的过程，被称之为元宇宙。我们也快速上车，发行了业内第一个数字藏品"。百信银行相关负责人认为，未来银行的商业模式和服务形态已经在悄然变化，百信银行非常关注用户的需求变化，尤其是与年轻人的交互方式，沉浸式交互场景、数字员工和数字资产将是银行的探索重点，希望能为用户提供更友好、更普惠、更安全的数字金融服务。

2021 年 12 月 30 日，百信银行正式推出首位数字员工 AIYA，不同于虚拟客服的定位，AIYA是百信银行的AI虚拟品牌官，担负着未来银行探索者和品牌理念传播者的角色，未来还将不断学习进化，提升AI算力和财商智慧，活跃在短视频、虚拟直播、App等场景，在三维营业空间与用户进行更有温度、更沉浸式的交流互动。

腾讯23周年：企业IP新玩法

2021年11月11日，腾讯在成立23周年之际，向员工发行了公司经典QQ企鹅形象的数字藏品。这款藏品颇具互联网风格，通过对头部、衣服、饰品等7个部位上共58个元素做不同的组合，从而生成足够多且各异的形象，不同元素出现的概率分为优质、稀有、史诗三个等级，保证部分数字藏品的稀有度，并且不同部位的元素中加入具有腾讯独有的文化元素，引发员工情感共鸣。此次发行限量72 000套，保证稀缺性。该藏品对元素出现的概率也作了设计，如在"背景"这一部位中，纯色背景的出现概率约为15%，而企鹅岛的出现概率仅为0.5%。

腾讯还专门打造了18个彩蛋造型，发行数量只有1 000枚。这18个造型囊括的形象既有嫦娥、诸葛亮等中国角色，也有爱因斯坦（Einstein）、大卫·鲍威（David Bowie）、卓别林（Chaplin）等近现代经典形象，甚至还有对勒内·马格里特（Rehe Magrite）的《人类之子》（*The Son of Man*）、约翰内斯·维米尔（Johannes Vermeer）的《戴珍珠耳环的少女》（*Het Meisje Met De Porrel*）等画作的致敬。

据说，这套企鹅数字藏品已经有人开始内部"转让"，售价高达数万元。

是风口还是虎口

著名经济学家凯恩斯（Keynes）曾提出著名的"最大笨蛋理论"，又称为"博傻理论"（Greater Fool Theory）。该理论认为期货和证券在某种程度上是一种投机行为或赌博行为。比如说，你不知道某个股票的真实价值，但你为什么还花 2 000 元买走 100 股呢？因为你预期有人会花更高的价格买走。投机的关键是判断"有没有比自己更大的笨蛋"，只要自己不是最大的笨蛋，那么自己就是赢家。

始于 1720 年的英国股票投机狂潮中有这样一个插曲，一个无名氏创建了一家莫须有的公司。自始至终无人知道这是什么公司，但认购时近千名投资者争先恐后差点把大门挤倒。没有多少人相信它真正获利丰厚，而是预期更大的笨蛋会出现，价格会上涨，自己要赚钱。有意思的是，牛顿（Newton）也参与了这场投机，并且不幸成了最大的笨蛋。他因此感叹："我能计算出天体运行，但人们的疯狂实在难以估计。"

NFT 究竟是少数人的资本游戏，还是最大笨蛋的天堂呢？它是风口还是虎口？

悲观者认为，现在的 NFT 市场进入了一个"非理性"的繁荣时代,充斥着"炒作""泡沫"和"投机"的味道。美国比特币公司 Coinbase 创始人弗雷德·埃尔扎姆(Fred Ehrsam)甚至尖锐地指出,90% 被制作出来的 NFT,可能在未来的 3—5 年里失去价值,一文不值。

乐观者认为,NFT 是独特的、具有稀缺性的虚拟资产,每一个 NFT 都具有独一无二的标识数据,同时由于其在区块链上发行,因而权属清晰,每一次交易都可追溯,就像 Beeple 卖出 6 900 万美元的艺术品一样。基于将数字内容资产化的能力,NFT 将成为连接现实世界和虚拟世界资产的纽带,成为元宇宙的价值载体。

目前 NFT 的价格有些虚高,如同"阳光下的泡沫",但 NFT 技术本身是中性的,就像早期的互联网一样,泡沫散去,互联网还在,并不妨碍我们对未来的向往。

第八章

巨头入局：抢占市场新蓝海

我相信又一场大洗牌即将开始。就像移动互联网转型一样，上不了船的人将逐渐落伍。

腾讯公司董事会主席　马化腾

互联网的下一站"船票"已从移动互联网向元宇宙转移。元宇宙产业蕴含着巨大商机，吸引行业巨头纷纷入局，成为互联网和科技领域下一个"生态级"的战略布局。《头号玩家》中的詹姆斯·哈利迪（James Halliday）让绿洲成为电影中唯一一个元宇宙级别的社区。现实中的元宇宙肯定不会只有一个。在时代机遇面前，哪个巨头愿意置身事外？但一定会有人掉队，或许这又是一次行业洗牌。

目前元宇宙的构建仍处于生态初期，面临算力支持、技术融合、跨行业参与、生态构建等多重难题。从各自禀赋出发，概括而言，各路巨头们的布局可以分为生态、技术和内容三种卡位方式（图8.1）。

图 8.1 巨头入局元宇宙的三种方式

（1）生态卡位。凭借扎实的社交网络基本盘，扎克伯格宣布全面进军元宇宙，甚至将母公司更名为 Meta，扎克伯格可以说是"元宇宙"的头号粉丝，Meta 公司也因此成为元宇宙最重量级的探路者；腾讯除了无可撼动的社交网络之外，在全球布局游戏，疯狂"买买买"，马化腾提出"全真互联网"的概念，也吹响了元宇宙的冲锋号。依靠社交网络、游戏等广泛布局，基于元宇宙的互动需求，这两家公司是最有实力布局元宇宙的巨头。除此之外，苹果虽然还没有公开元宇宙计划，但是凭借手机、VR 等终端和 App Store 的巨大优势，也是最有潜力进行生态布局的巨头之一。

（2）技术卡位。英伟达依靠 GPU、AI 和 Omniverse 等，在软硬件一体化市场已经占据一骑绝尘的领先优势，无论是大型游戏、社交，还是工业领域数字孪生，都离不开这些底层基建的支持。而百度依托国内领先的 AI 技术和移动生态，从 AI 数字人切入，发布 VR 虚拟空间——希壤，也有机会占得一席。字节跳动尚未公开具体的元宇宙路线，但从布局 VR、游戏、虚拟偶像等动作来看，未来依靠 AI 技术、云以及抖音和 TicTok 阵地，也可能成为元宇宙最重要的玩家之一。

（3）内容卡位。游戏、视频和电商是最典型的内容代表。Epic Games 和 Roblox 等游戏巨头凭借自身的用户生态和技术底座已经取得领先地位。在国内，网易以游戏和虚拟数字人为突破口切入元宇宙；爱奇艺、B 站等主要从虚拟偶像矩阵切入进行布局；阿里巴巴成立 XR 实验室，从电商入手，布局全息商铺。

第一节　生态卡位：以 Meta 和腾讯为例

扎克伯格的"十年千亿美元"梦想

2021 年，Facebook 月度活跃用户已高达 29 亿人，市值达到万亿美元，是个不折不扣的社交帝国，旗下拥有 Ins、WhatsApp 等多个社交产品，截至 2021 年第三季度，Facebook 旗下产品去重月活总数为 35.8 亿，占全球 48 亿互联网用户的 74.6%。

Facebook 的未来增长点在哪里？Facebook 也给出了自己的考量，即进化成为一家元宇宙公司。2021 年 7 月 29 日的第二季度财报会议上，扎克伯格更是提及"元宇宙"多达 20 次，可见他对这一新兴概念的重视程度。在该会议上，扎克伯格也给出了具体时间表，希望用 5 年左右的时间，将 Facebook 转型为一家元宇宙公司。他表示，构建元宇宙是当前许多科技公司甚至是整个科技行业的愿景，可以把它看作是移动互联网后的一次变革，但这不是一家公司就能实现的事情。

到了 10 月 28 日，扎克伯格更是迫不及待地在 Facebook Connect 会议上正式宣布战略转型，并将 Facebook 更名为 Meta，同时发布了新的公司 logo，全面进军元宇宙，引发资本市场广泛关注，元宇宙的概念随之火爆全球。

其实早在 2016 年 4 月，Facebook 就公开了未来 10 年发展路线图（图 8.2）。横轴是生态、产品、技术三个维度，纵轴是 3 年、5 年和 10 年不断丰富和提升的三个阶段。

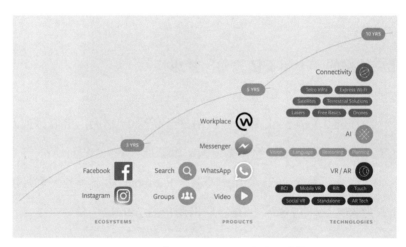

图 8.2　2016 年 Facebook 10 年发展路线图

资料来源：Facebook 官网

在生态层面，前 3 年打造了 Facebook、Ins 生态矩阵；在产品层面，5 年内深化对视频、搜索、群组、Messenger、WhatsApp 和 Ins 的开发；在技术层面，人工智能是贯穿 10 年路线图的核心：一是采用无人机、卫星、激光、地面解决方案、基础设施建设和基础知识普及的手段连接世界；二是研发人工智能，发展视觉、语言、推理和计划的能力；三是发展移动端的 VR、Oculus Rift、Touch、社交 VR 和 AR 技术。

2021 年 10 月，扎克伯格提出"十年千亿美元"的新目标：以"Family of Apps"（应用系列）及"Reality Labs"（现实实验室）两大业务形式呈现，将在后者上投入超过 100 亿美元资金，在未来 10 年，让元宇宙覆盖 10 亿人，实现千亿美元的数字化经济规模，提供数百万个就业机会。

伴随新目标，扎克伯格提出了元宇宙的 8 大要素：（1）身临其境感（Feeling of Presence）；（2）虚拟化身（Avatar）；（3）家庭空间（Home Space）；（4）远距离传输（Teleporting）；（5）互操作性（Interoperability）；（6）隐私安全（Privacy and Safety）；（7）虚拟物品（Virtual Goods）；（8）自然界面（Natural interfaces）。

在进入元宇宙之前，上述 8 大要素都是需要构建的，其中虚拟形象是"关键入口"，是其他 7 个要素的"连接器"，而场景则是虚拟数字人呈现的"生态场"。据了解，Meta 公司正在更积极地探索游戏以外的应用场景，已涉及 8 个应用场景。

（1）居家：以 Horizon Home 为家庭空间应用界面，是用户登录元宇宙的初始场景，用户可以在场景中做个性化装饰、邀请好友到访、将自己传输至其他地方。

（2）社交：以 Horizon Worlds 为家庭空间以外的社交广场应用界面，用户可以在其中参加派对、玩游戏等。

（3）工作：以 Horizon Workroom 为元宇宙中的工作应用界面，用户可添加公司 logo 等定制场景布置。

（4）健身：用户可根据所见到的影像内容，使用相关设备进行健身活动。Supernatural、Fit XR、Player22 等健身 App 将陆续上线或更新，2022 年推出的 Touch 控制器防汗手柄及运动优化面垫也将提升用户健身的舒适性。

（5）游戏：作为当前 Oculus 主场景，Meta 继续丰富产品矩阵，热门游戏《亚利桑那阳光》的团队开发的 5 个新游戏及《侠盗猎车手：王安地列斯秘籍》《剑与魔法》等其他游戏将陆续发布。

（6）教育：Meta 宣布投资 1.5 亿美元助力创作者在 Oculus 内构建沉浸式学习内容，并提供专业课程帮助创作者掌握相关技能及变现方法。

（7）养宠物：元宇宙中的宠物将参照现实世界中的宠物设计，能与用户有效互动。

（8）交易：商家可在元宇宙内销售虚拟物品或现实物品，公司也将使用 NFT 等限量版本数字物品，让消费者拥有物品所有权，也会引入广告推销商家的产品，使产品具备众多变现可能。①

"把元宇宙想象为一个实体互联网，在那里，你不只是观看内容，你整个人就身在其中。"在扎克伯格看来，元宇宙是一个永续的、实时的、无准入限制（多终端）的环境，在这 8 大未来场景中，虚拟数字人作为连接载体，可以轻松实现跨时空互动、社交、

---

① 参考自中信建投的文章《Facebook 全面拥抱元宇宙，硬件与应用机遇来临》，作者：杨艾莉、刘双锋、王天乐。

购物等。

其实，Meta公司是最早探索虚拟数字人的批量生产平台的机构，集中体现在Avatar系统的不断迭代升级。

早在2016年之前，Avatar系统就可以批量生产出"人物卡通头像"。2016年的Oculus Connect 3大会上，Avatar系统终于有了手和身体，可以完成清晰的面容辨识和准确的语言口型配对，稍有瑕疵但足够精彩的面部表情成为当时流行的"社交玩法"。

2019年，在Facebook位于匹兹堡的Facebook Reality Lab（原Oculus研发实验室）中，一段视频正在播放。一名年轻女子眼睛闪烁着光说："门口站着一个大块头的傻瓜。然后他说：'你以为你是谁，莲纳·荷恩①吗？'我说虽然我不是荷恩，但我就像姐姐一样了解荷恩。"——这段独白来自沃顿·琼斯（Walton Jones）的戏剧《1940年的广播时刻》的开场白。画面中的年轻女子说着这段台词，声音抑扬顿挫、咬字准确、表情丰富，加上黑色的背景，让人以为正置身于百老汇剧院，眼前上演的正是20世纪70年代后期的百老汇戏剧。唯一的不足之处就是：年轻女子脖子以下的身体都消失不见了。原来，年轻女子是基于Codec Avatars推出的极逼真的VR虚拟分身、3D头像，她的背后是带着VR头显的"中之人"以及数据运算的结果，其人物形象及表情已经栩栩如生。

2021年，Facebook Reality Labs将Codec Avatar的研究延伸至全身，不仅可以渲染逼真的面部表情，还能还原身体的3D模型，以

---

① 莲纳·荷恩（Lena Horne）：20世纪美国超级黑人巨星。

及 3D 姿态变化。此时的 Avatar 已经可以对头部、五官和头发进行 3D 建模（图 8.3），细致到可渲染一缕发丝，而元宇宙中的数字替身肯定不止"捏个脸"那么简单，超写实虚拟数字人甚至要求头发和皮肤的渲染和重光照需要"保真"，甚至可以看到皮肤上的单个毛孔。

图 8.3　2016 年与 2021 年 Avatar 会议场景的对比

资料来源：Meta 官网及宣传材料

与此同时，要想动态渲染用户的全身动作，还需要 Codec Avatar 与准确的姿态捕捉方案结合。Facebook Reality Labs 最新研发出基于无线电磁传感器的 6D[①] 姿态识别方案 EM-POSE，其特点是不受视觉遮挡限制，没有固定的追踪区域，可预测 6D 姿态并实时重建 3D 人体姿态和模型。这甚至比当下火爆的 Epic Games 的虚拟引擎还吸引人。

Epic Games 的虚拟数字人创作平台 Metahuman Creator，让用户可以在网页端就能制作高保真的 3D 虚拟人，同时支持骨架和面部绑定，可在 PC 和 VR 应用中运行。不过，这些虚拟数字人通常依赖于高成本动作捕捉系统，以及详细复杂的姿态和表情脚本，主

---

① 这里 6D 指的是 6 个自由度，包含了 3 个自由度的平移，以及另外 3 个自由度的空间旋转，它们合起来就被成称 6D 姿态。

要原理是在模型上手动渲染动态细节,缺点是需要人工合成姿态,以及依赖于高端传感器,而且动作捕捉模型需要根据不同的传感器方案独立训练,不具备通用性。相较而言,EM-POSE方案将电磁基站和传感器固定在VR用户身上,如果配合Meta公司的Quest等一体机使用,应用场景将更灵活,不管是玩游戏还是社交,用户将不会再受到空间或连接线限制,而这也是未来C端应用的重要需求。

除了底层技术,构建虚拟数字人的焦点还在于硬件设备的改变与升级,Meta公司对此进行重金布局。2014年,Facebook公司以20亿美元收购了Oculus公司,布局AR/VR硬件,到2020年初,Facebook公司在AR/VR业务上投入了近50亿美元;最新的10年规划则公布Facebook公司将持续投入100亿美元,包含硬件投入。扎克伯格曾表示:"我们现在最关注的事情是,如何在设备中安装更多的传感器,以创造更好的社交体验……我希望玩家能够拥有基于现实中的自己的虚拟分身,可以与他人在元宇宙中进行真实的眼神交流,并呈现出真实的表情。"

Meta公司的主要硬件设备包括Meta Quest。2019年Oculus Quest 1正式发售,标志着Meta公司由PC平台全面转型VR一体机。2020年10月推出的Oculus Quest 2,支持更高的刷新率,从90Hz到现在的高达120Hz,意味着更流畅的画面、更低的延迟、更高的舒适度和沉浸感,成为消费市场最受欢迎的VR一体机,累计销量预计或已超过500万台,其功能包括:手部追踪、语音唤醒、Facebook Messenger、健身追踪、蓝牙鼠标和键盘支持、桌面、沙发和键盘追踪、直通背景和快捷操作、VR头显内提示手机消息和通知、多帐户系统和内容库共享,以及类似应用商店的"App Lab"等。

Oculus Quest 2 售价 299 美元,该产品一经推出,就收获了许多好评。除了相对亲民的价格之外,软硬件的升级、顺畅的画质以及非常少的眩晕感都成为其卖点。许多 VR/AR 设备评测网站都将 Oculus Quest 2 列为如今 VR/AR 设备中的第一名。

未来,Project Cambria 是 Meta 公司拟 2022 年推出的下一代一体化 VR 硬件。这将是一款价格更高的高端设备,配备了所有最先进的技术,包括改进的社交存在、色彩透传等。Active Pack Quest 2 的一套新配件,包括用于 Touch 控制器的新把手,可帮助用户在出汗时保持控制,针对锻炼而优化的面部界面更容易清除所有内容。

为了感受元宇宙内的物体,Meta 的 Reality Labs 团队已持续多年在 VR 手套上发力。2021 年 11 月 16 日,扎克伯格发布了一段视频,视频中他尝试戴上 VR "触觉手套"来做掷骰子、玩叠叠乐、国际象棋、握手和出拳之类的事情。根据当天 Meta 发布的新闻稿,Meta 的 VR 触觉手套,是为了在元宇宙中创造逼真的触觉,"总有一天,当您触摸虚拟物体时,您将能够感受到质感和压力。"该手套会追踪佩戴者的手,以确定他们在虚拟现实场景中的位置,以及他们是否和如何与虚拟对象接触,然后手套会模拟压力、纹理和振动等感觉,在虚拟现实中重现物体的感觉(图 8.4)。Meta 公

图 8.4 VR 触觉手套

资料来源:Meta 公司官网

司称，虽然 VR 触觉手套仍处于研究的早期阶段，但目标是有一天将手套与 VR 耳机配对，集合触觉、听觉和视觉等，以获得身临其境的体验。

12 月 9 日，Meta 旗下的 VR 世界"Horizon Worlds"正式向美国和加拿大的 18 岁以上人群开放，用户可使用 Oculus 等 VR 头盔进行登录，不再需要邀请码。在 Horizon Worlds 中，Oculus 虚拟现实头戴设备用户可以创建一个没有双腿的化身形象，在虚拟世界中四处走动。在那里，他们可以与其他用户的化身进行互动，甚至可以一起玩游戏。

Meta 公司的最终目的是建立元宇宙社区，这是一个雄心勃勃的计划。相比于现在的社交模式，元宇宙有望带来更好的社交体验。Meta 公司的一个重磅动作就是推出基于 VR 的社交和娱乐平台 Horizon，这是 Meta 探索元宇宙世界的又一个重要里程碑。在虚拟的 Horizon 世界中，玩家可以根据自己的喜好创建一个虚拟分身，然后通过名为"Telepods"的传送门前往各个虚拟区域，也可以通过 Home 界面挑选其他玩家建立的世界。Horizon 还内置了工具供用户创建游戏和活动，玩家可以用编辑器创造自己的空间、游戏，从而扩建自己的世界，或者与其他玩家一起构建世界并实时分享进度。在不同的元宇宙世界中，玩家可以与他人一起玩《密室逃脱》《星球大战》等游戏，参加绘画、烹饪或高尔夫等不同主题的聚会。

在游戏体验和创作方面，Horizon 和 Roblox 比较相似，但是以 VR 技术为依托的 Horizon 比 Roblox 平台中的游戏更具沉浸感。此外，Horizon可以识别玩家的手势和表情，使虚拟角色的动作和表情更加自然。

更重要的是，相比于以游戏为核心的Roblox，Horizon更侧重于社交。在Horizon中，玩家除了可以玩游戏和参加各种活动满足娱乐需求外，还可以认识新朋友或联系老朋友。此外，Horizon还为玩家提供了发现附近好友、申请加好友等社交功能，以便更好地满足玩家的社交需求。Horizon将社交和游戏联系在了一起，帮助玩家通过沉浸感十足的虚拟社会进行娱乐和社交，摆脱单人单机的孤独感。

举例来说，你可以在Horizon Home中构建自己的家，当有朋友来时，它是一个聚会场所；当你独处时，你也可以呼朋唤友，与朋友下棋、打乒乓球、击剑、冲浪、游戏。或者，你在玩手机时，看见好友正在音乐会现场向你发来"加入邀请"，这时你戴上AR便可置身其中。演唱会结束，身处不同世界的两人还可以约好去元宇宙的派对，在那里为Avatar购买晚会衣服，甚至是购买刚结束的演唱会的NFT数字藏品。

Meta目前在元宇宙、虚拟数字人上的布局均遵循了生态打造的逻辑，在硬件入口、底层技术、人工智能以及内容四大组件方向上同步着力，已经成为全球最头部的元宇宙生态服务商。

Meta的元宇宙商业模式已经逐渐清晰，一方面以尽可能低的售价销售其设备，吸引尽可能多的用户参与其中。另一方面则专注于提供更好的服务，通过商业服务、虚拟商品的销售和广告营利。

此外，Meta 将与政府、行业和学术界的专家合作，思考元宇宙中的问题和机遇。例如，元宇宙的成功取决于建立强大的跨服务互操作性，因此需要协调不同公司共同建设元宇宙。

（1）经济机遇：如何为人们提供更多选择、鼓励竞争并保持蓬勃发展的数字经济。

（2）隐私：如何最大限度地减少使用的数据量，构建技术以实现隐私保护下数据的使用，并让人们对其数据具有控制权。

（3）安全和诚信：如何确保人们的在线安全，并为他们提供工具，让他们在安全受到侵犯时采取行动或寻求帮助。

（4）公平和包容：如何确保这些技术的设计具有包容性和可访问性。

扎克伯格曾在一次专访中表示："我们希望让尽可能多的人体验虚拟现实，并能够完全融入'元宇宙'的世界。想象一下，在'元宇宙'中，人们可以超越任何边界和限制，去往任何一个梦想之地。你可以与老伙伴们同行，也可以结交一群新朋友。将实现这些体验作为目标，确实是我们作为一家科技企业的主要生计所在，也是我们的业务所在。"

马化腾提出"全真互联网"，率先布局全链条

在中国，目前能够与 Meta 公司抗衡的或许只有腾讯。

2020 年 11 月末，马化腾在年度特刊《三观》中发表了《以正为本，迎难而上》的文章，在文中提出了"全真互联网"的全新概

念:"现在,一个令人兴奋的机会正在到来,移动互联网十年发展,即将迎来下一波升级,我们称之为全真互联网。"马化腾同时预测:"随着 VR 等新技术、新的硬件和软件在各种不同场景的推动,我相信又一场大洗牌即将开始。就像移动互联网转型一样,上不了船的人将逐渐落伍。"①

"全真互联网"究竟是什么?马化腾解释道:"这是一个从量变到质变的过程,它意味着线上、线下的一体化,实体和电子的融合。虚拟世界和真实世界的边界已经打开,无论是从虚到实,还是由实入虚,都在致力于帮助用户实现更真实的体验。"② 从这一表述来看,"全真互联网"和"元宇宙"异曲同工。

腾讯已然是国内最大的"元宇宙公司",其"虚拟数字人"赛道的布局已通过自建和投资的方式,涵盖了 IP、引擎、硬件、软件、开发者社区等领域,取得领先优势。

首先,在基础设施建设上,形成一个元宇宙虚拟世界需要引擎工具、硬件等的支持。腾讯是美国著名游戏开发商 Epic Games 的主要投资方,Epic Games 旗下的虚幻引擎正是当前的翘楚;在打造 AR 组件方面,腾讯也是该领域领头羊 Snap 公司的最大股东。此外,摄像头 Kit、社交软件 Soul、VR 游戏开发商云南盒子怪等公司背后都有腾讯资本的影子。

其次,在行业抓手上,场景与玩法必不可少,而腾讯在这一方面也早已部署。当 AR、VR、5G 等技术成熟后,将会出现线上、

---

① 参考自腾讯内部出版的 2020 年度特刊《三观》中的文章《以下为本,迎难而上》。
② 同上。

线下一体化的革命性变化，彼时，游戏行业可能会成为突进元宇宙的先锋军，成为虚拟数字人应用的爆发场景。从玩法上看，沙盒类游戏较为接近元宇宙的形态，它有自己的价值体系，并为玩家提供了各种工具以便其在这个虚拟世界中进行创造。当游戏足够成熟时，它将形成一个高凝聚力的小世界。为此，腾讯先后投资了 Avakin Life 与 Roblox 等沙盒游戏开发商，其中，Avakin Life 拥有超过 2 亿注册用户，而 Roblox 创造了 1.15 亿月活用户的记录，吸引了大量年轻玩家，更是成为"元宇宙第一股"，市值一度超过 500 亿美元。

在 IP 打造上，腾讯持续打造虚拟偶像。2017 年，腾讯推出了第一个虚拟偶像"苏苏"；2019 年，腾讯又推出了由《王者荣耀》中高人气的云、亮、白、信、守约 5 位英雄组成的虚拟偶像团体"无限王者团"；2020 年，腾讯虚拟女子电竞战队"千鸟"正式亮相。

腾讯 NExT Studios 与 AI Lab 自 2017 年起在虚拟数字人领域开展探索，这是腾讯在该领域前沿探索的代表。

据腾讯研究院资料显示，于 2017 年启动并于 2018 年 5 月亮相的虚拟人 Siren，目标正是跨越影视和实时渲染边界，制作可实时交互的数字人物；在高保真角色基础上，进一步增加高精度的实时动作捕捉与渲染。Siren 的特性是实时表情动作驱动，涉及多方向的技术突破，在多国企业协同合作下完成：美国的 Epic Games 公司发起和协调项目，利用 Unreal 引擎整合模型、贴图、动作等数据资源；塞尔维亚的 3Lateral 公司制作高精度人物模型，同时建立绑定，为演员和虚拟人的同步搭建转换桥梁；英国的 Cubic Motion 公司负责实时的表情捕捉；NExT Studios 作为项目所有者，提供基于 Unreal 引擎的高质量的人物渲染。

2018 年下半年启动的 Siren AI 项目，旨在让虚拟数字人拥有"灵魂"，将智能音箱、语音助手与人自主交互的能力赋予 Siren，让她独立做到能听、会说。这涉及多个 AI 研究和工程领域，包括语音识别、自然语言处理、语音合成、语音驱动面部动画（ADFA）。语音驱动面部动画是最难的一步，其核心是利用 AI 训练出语音、文字和面部模型肌肉控制间的对应关系，然后进入渲染引擎，驱动虚拟人。

2019 年，NExT Studios 自主制作了男性虚拟人 Matt，自主完成一整套高保真虚拟人的研发流程，并结合腾讯 AI Lab 能力，探索语音自驱动且能表达情绪的虚拟人技术，将语音、情感、面部表情关联起来。相关研究在 2019 年的计算机图形学顶级会议 SIGGRAPH 会议上展示。NExT Studios 构造了一个长约 20 个小时、多达 13 339 条语句、包含语音、面部运动和身体运动的多模态训练数据集，在 Siren AI 基础上，增加情感维度数据，让 Matt 拥有微笑、蹙眉等微表情，多了"人情味"。

基于 Siren 的实时表情动作驱动、Siren AI 的语音文字驱动、Matt AI 的更真实情感表达的探索，腾讯逐渐培养了虚拟数字人的"全方位能力"，并开始进行对外赋能输出。腾讯推出的"xFaceBuilder™"就是一套面向专业开发者的全流程管线，能够敏捷生产适用多种终端设备的数字人脸，已支持了腾讯游戏的多款研发中的游戏内容。

近期，腾讯 AI Lab 的相关研究又取得了进一步的进展：仅需一段手机自拍视频，就能在 30 秒内合成一个高拟真度的 3D 虚拟人，不仅脸型和五官形状非常贴合，而且具有毛孔、唇纹、毛发级别的细节，再借助虚幻引擎等基于物理的渲染引擎（PBR），可以得到真实感很强的虚拟人。①

腾讯在虚拟数字人技术、硬件、软件社交上的探索，加上游戏和影业直播等领域的多年布局，使其形成了相对完整的版图。国外媒体曾制作过"Tencent's Metaverse"（腾讯元宇宙）完整产业图，这其中不仅有游戏、在线会议，也包括拼多多、美团等电商购物平台（图8.5）。在腾讯生态中，元宇宙的真正爆发，将是腾讯的产业互联网和消费互联网真正大规模应用之时。

图 8.5 腾讯元宇宙

---

① 关于 Siren 和 Matt 的内容参考自 https://mp.weixin.qq.com/s/vy2x1wCa4BRB3Jr94ZiR4A。

第二节　技术卡位：以英伟达和百度为例

基建狂魔英伟达要建"穿梭门"

英伟达创始人兼 CEO 黄仁勋堪称元宇宙的超级网红，他的底气来自英伟达 GPU 硬件的霸主地位，AI、大型游戏显卡都离不开 GPU。2020 年 7 月 8 日，英伟达市值首次超过英特尔。当时英伟达的 GPU 速度比 5 年前快了 25 倍，已经远远超出了摩尔定律的 10 倍速率。

有网友称："先有仁勋后有天，显卡在手虐神仙。"在游戏世界中，黄仁勋是玩家口中的核武狂魔、爆破鬼才；在加密货币世界里，他同样站在顶端。

当英伟达遇上元宇宙，"皮衣教主"黄老板着实为之疯狂。相比社交和游戏巨头，英伟达的定位是元宇宙软硬件的最底层：GPU、AI 和 Omniverse 三件套，使英伟达成为软硬件一体化的集大成者，奠定元宇宙时代的技术底座，在元宇宙战略布局上一骑绝尘，其中 GPU 之于元宇宙，就相当于锂电池之于新能源汽车。黄仁勋曾在接受采访时表示，元宇宙是虚拟的，但赚钱是真实的。富国银行分析师认为，未来 5 年，元宇宙将为英伟达提供 100 亿美元的市场增值份额机会，而这个能够带来百亿美元增长的引擎是 Omniverse。

黄仁勋在参加 Computex 2021 线上会议时，全程高能输出，向世人描绘了英伟达面向元宇宙的"三步走"发展战略。第一步，虚拟化，创建一个实时仿真和协作开发引擎 Omniverse，这是英伟达全力拥抱元宇宙的主线，它拥有高度逼真的物理虚拟引擎以及高性能渲染能力，是一个被称为"工程师的元宇宙"的虚拟工作平台。第二步，逼真化，通过 AI 语言学习以及对虚拟世界物理规律性的强化，使虚拟世界场景进一步逼近真实世界体验。第三步，情感化，构造虚拟世界社会关系，打造虚拟世界情感交互。

1. 虚拟世界模拟引擎 Omniverse

一般来说，无论是影视 CG，还是建筑设计，传统的三维设计制作流程都需要从基础的建模开始，再进行材质贴图、灯光、渲染，最后再出图，往往会有很多专门的部门和角色负责人，比如建模师、动画师、灯光师、特效师、渲染师等，需要按照流程的顺序先后分工协作，用不同的专业应用程序导出不同格式的文件数据，再互相传阅到下一个步骤，最后导出成品。如果某个环节突然需要修改，则有可能导致整个流程重来。

现在，有这样一个"神器"，不仅可以解决数据传输问题，还可以统一应用软件格式，让 CG 艺术家、设计师、建筑师、工程师和开发人员可以在不同地点无缝协作。这就是英伟达推出的 Omniverse 平台，目前全球有超过 7 万名用户在使用。

Omniverse 最早是基于皮克斯（Pixar）的开源软件 USD（Universal Scene Description，通用场景描述）构建的虚拟开发引擎，目前已经成为一个强大的多 GPU 实时仿真、协作的开放式平台。用户可以在虚拟开发过程中进行协同工作,建造数字孪生世界,Omniverse 不仅支持媒体与娱乐应用,目前也开始被汽车、建筑、制造等工业领域的企业所应用,将虚拟世界带入了更广泛的实际生产中,进一步解放了生产力,让元宇宙概念有了真正意义上的落地,并且实现了多个领域的降本增效。

2. 虚拟数字人开发平台 Omniverse Avatar

技术"造人"是虚拟数字人产业发展的最重要的门槛,而平台"造人"、批量"造人"则是元宇宙繁荣的基础。

Omniverse 平台有个最重要的功能是 Avatar 系统,它是一个用于生成交互式 AI 化身的技术平台,集合了语音、视觉、自然语言理解、推荐引擎和仿真模拟等方面的先进技术,主要功能就是批量"造人"(图 8.6)。

图 8.6　Nvidia Omniverse Avatar 虚拟形象开发平台

资料来源:英伟达官网

有趣的是,英伟达在 2021 年的 SIGGRAPH 会议上,承认在 3 个月前的 GTC 2021 技术大会上"造假"了,在那次演讲上,有

14秒视频中的黄仁勋是虚拟的黄仁勋代为出场。不仅如此,他身上的皮大衣、背后的厨房,还有桌上的每一件物品,全部都是Omniverse渲染出来的仿真画面,视频还展现了英伟达先进的实时光线追踪技术。但是当时没有任何观众看出破绽,其精细程度堪比好莱坞级别的制作水平。

为了显示Avatar平台的强大,黄仁勋还发布了3个虚拟数字人版本(图8.7)。一个是萌版的他自己——Toy-Jensen(即黄仁勋口中的Toy-Me),合成了黄仁勋自己的身影和声音,可以互动回答一些关于天气、天文等的问题。另一个虚拟人是一个比较可爱的"蛋壳人",展现的场景是在餐厅和顾客沟通,了解他们的食物需求,在服务场景下模拟现实服务人员的谈话口吻和面部表情等。最

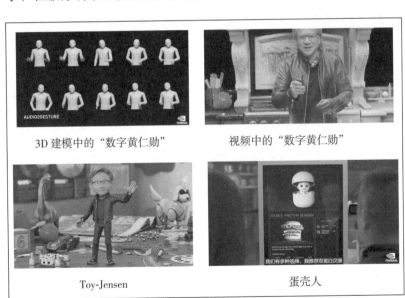

图8.7 黄仁勋的不同虚拟形象

资料来源:英伟达官网

后一个虚拟场景是模拟工作场景，比如你在家里衣着休闲，但如果要进入虚拟会议室开会，就会给你生成一个职业化的虚拟人参加会议。

这个平台和扎克伯格描述的元宇宙高度契合，具备 AI 对话功能和理解能力，个人形象和场景均可自定义，未来还会变得更拟人化，更有温度，更有生命力，可以广泛应用于餐厅点单、银行交易、虚拟客服等。这无疑给人留下了无限的想象空间。

随着元宇宙越来越受追捧，英伟达在真实世界和元宇宙之间建立了"穿梭门"，虚拟世界离我们越来越近。

未来，英伟达或是元宇宙时代最大的赢家。

借力 AI，百度发力虚拟数字人和元宇宙

在中国，百度是工程师文化盛行的科技企业。尽管没有英伟达的扎实布局，但也不乏硬核实力的呈现。

"为你弹奏肖邦的夜曲，纪念我死去的爱情……"周杰伦的《夜曲》旋律响起，表演者却换成了明星龚俊的"虚拟分身"。在百度世界 2021 大会上，由百度和央视新闻联合推出的明星龚俊的数字人，一颦一笑都和本人十分相似，整场《夜曲》听下来，龚俊数字人的声音基本没有偏差，逐字口型准确率高达 98.5% 以上。

这不是百度第一次推出虚拟数字人。

"大家好，我是虚拟主持人晓央。今天我为大家带来参与三星堆遗址挖掘的青年考古工作者，一起去听他们说说三星堆的那些故

事。"2021年5月4日,百度的虚拟主持人晓央亮相中央广播电视总台的《奋斗正青春——2021年五四青年节特别节目》,为观众带来了一场云端主持。

2021年4月,百度联合中国火星探测工程发布了首个火星车数字人"祝融号"。"我体重240公斤,长3.3米,宽3.2米,高1.85米,但科学家们都说我是最瘦的。"方头方脑的祝融号似乎害羞了,它拍着翅膀,发出可爱的童声:"你看我的翅膀,是太阳能发电板,帮助我长时间执行任务。"

2021年3月,百度与央视网合作推出数字小编"小C";2020年8月,百度创始人李彦宏和央视主持人康辉的20年前的虚拟分身"小李""小康"亮相当年的百度世界,同时亮相的还有虚拟AI助手"度晓晓",拥有二次元形象,具备视觉识别能力,不仅能答疑解惑、娱乐互动,还能进行24小时的情感陪伴。

这一系列虚拟数字人是百度智能云对外输出的"样板",都具备3D形象,表情、动作、语气、语调逼真。其中大部分为"工具人",通过深度学习技术可完成专业领域知识学习,进行专业领域的服务,如作为虚拟主持人、虚拟小编、虚拟客服等。

2021年,百度将探索虚拟数字人的技术成果集合为"终端虚拟人3.0"发布,并推出了"一句话生成形象"技术。

终端虚拟数字人的优势首先是轻量级的、能在终端设备上进行实时驱动的虚拟数字人技术。相较于传统的云端方案,终端方案有着体积小、速度快、资源消耗少、网络信号依赖低等优势。依靠终端虚拟人3.0方案,智能大屏上可以搭载多款虚拟数字人功能,极大地降低了应用门槛,让虚拟数字人的生成更便捷。

其次是较低成本的虚拟数字人"捏脸"技术。通过终端虚拟数字人3.0,只需要单张人脸图片,就能建模新的虚拟形象,以极低成本"替换"虚拟人的五官,从而节省了拍摄、建模的大量成本和时间,将传统的、费时费力的"人物建模"升级为分钟级别的数据采集和天级别建模的快速模式。而且这些人脸图片都是由 GAN（Gene rative Adversarial Networks,生成式对抗网络）模型通过深度学习后生成的,虚拟的人脸也不涉及肖像权问题。该系统类似 Epic Games 的虚拟引擎,可以通过眼镜、鼻子、眉毛、嘴巴、脸型等的"捏合"来生成虚拟数字人,但还未达到"高保真"级别。

"一句话生成形象"技术则是结合增强现实、知识图谱、语音识别、自然语言处理和图像识别等技术,利用海量的人物知识数据,实现多模态技术融合。第一,构建了专属虚拟形象知识库,实现对虚拟形象全维度的特征描述;第二,基于人脸图片的形象重建、特征提取,实现用户专属个性特征的实时复刻;第三,基于语音、自然语言处理,实现多轮对话式自然交互,使得用户交互更加友好、高效。

百度的虚拟数字人技术之所以能够发展成型,得益于百度 AI 多年的技术沉淀——百度大脑的能力输出。截至2021年上半年,百度大脑6.0提供包括自然语言处理、知识图谱、语音识别及合成、计算机视觉等超过270种AI能力,聚集了超230万开发者,企业发布的模型数量超过31万,是国内领先的AI开放平台,支持百度虚拟数字人的文本、语音、真人等多种驱动方式的混合应用,同时可以降低使用门槛及使用成本。

"未来，每个用户只要说出指令，就可以在这个平台上轻松生成属于自己的专属形象，无论在家里，在汽车里，还是在银行等公共场所，都可以拥有自己的数字人朋友。"百度智能云如此描绘其虚拟数字人的前景，虽然目前并未看到财报中该业务的盈利情况，但"技术基建"的完成，已经使得百度在传媒、金融、文娱等行业拥有了落地案例。

2021年下半年，百度还推出"数字明星运营平台"，这是集数字人生成、内容生产为一体的平台级产品，为广电、互娱、品牌等客户提供一站式的虚拟主持人、虚拟偶像、品牌代言人的创建与运营服务，可以降低虚拟数字人的应用门槛。

在数字人生成维度，支持二次元、2D、3D高精多种数字人风格，不仅通过全栈的AI能力实现了二次元数字人的"一句话生成"，还通过基于任意单个2D人脸重建高精度3D人脸技术，对虚拟数字人的人脸3D模型进行编辑，实现将任意2D人脸低成本替换到3D虚拟数字人上，解决了2D虚拟数字人风格丰富性低的痛点、难点，可被AI驱动的高精度3D虚拟数字人生成时间由3个月降低到1周。①

2021年12月21日定向内测的"希壤"App则是百度元宇宙布局的集中呈现：通过一张图片或一句话生成3D Avatar虚拟角色形象，随时随地召唤智能语音助手，实现多场景移动和社交等。内

---

① 参考自 http://tech.china.com.cn/ai/20211124/382861.shtml。

测伊始，希壤开放了百度世界大会、三体馆、三星堆、少林寺、冯唐艺术中心等场景，还有一块"央视直播"的大屏持续播放。在之后12月27日的百度AI开发者大会上，希壤在国内率先提供了10万人同屏互动服务，以及"万人演唱会级"真实声效还原。

根据希壤官网介绍，希壤世界由无限连接的虚拟空间组成，每个虚拟空间都是一座独一无二的数字都市，商家或合作伙伴能发挥想象，打造独家专属的品牌世界——这描绘的正是完全商业化的元宇宙世界，但显然目前仅仅是个开端。希壤的相关负责人表示："视觉、听觉、交互问题是阻碍元宇宙发展的三大技术难题，本次希壤正式升级为-6.0版本。""-6.0"意味着当前的希壤呈现还很不完善，还需要众多开发者、企业的参与，需多轮次的升级、迭代，才能真正展现元宇宙魅力。

第三节 内容卡位：内容为王，永不过时

追求卓越和更高层次的精神享受是人类与生俱来的天性。在内容赛道上，游戏、视频和电商等平台始终充满生机和活力，这些平台也是虚拟数字人最集中、最活跃的场所。内容是由信息和载体构成的。人们在互联网早期获取资讯信息的方式主要是文字、图片，移动互联网时期逐步迁移到短视频、音频、直播等，UGC模式愈发成为主流，微博或抖音短视频随手便可发送，我们

每个人都是内容生产的主体。在元宇宙环境下，人们对内容创造的需求迎来爆发式增长，内容的生产和消费模式将发生巨大的变化，AIGC（AI Generated Content，AI 生产内容）模式预计将持续快速崛起，例如可编程的虚拟数字人在其中可以完成出道、展示、直播、互动等一系列商业化运作，我们将面对的是一个庞大的智能体群体（图 8.8）。

游戏界的两个典型代表是 Epic Games 和 Roblox，前者凭借《堡垒之夜》等游戏风靡全球，挣得盆满钵满，而 Roblox 则更是凭借"元宇宙第一股"傲立游戏行业。整体而言，这类平台的突出优势其实体现在大量的用户体系和内容生态上，但随着 AIGC 的崛起，跟不上科技发展的内容平台可能面临被淘汰的风险。

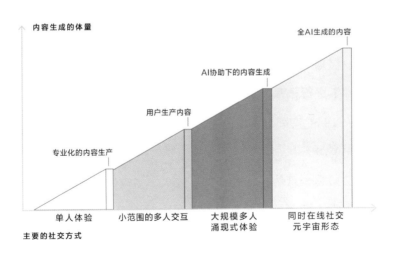

图 8.8　内容生成的四个阶段

阿里巴巴：电商阵地的头雁

2021年10月19日，阿里巴巴2021年度云栖大会在杭州举办。达摩院XR实验室负责人做了《元宇宙：下一代互联网》的主题演讲。

根据阿里巴巴官网介绍，XR实验室致力于探索新一代的移动计算平台，即XR眼镜以及基于新移动计算平台的互联网应用技术，推动显示、人机交互技术的历史性革命。在"新显示"和"新交互"的场景下探索各种互联网应用，构建一个让人类可以沉浸式体验的虚拟世界，并与真实的物理世界融合和联动。XR推出了全息商铺、AR平行世界和IDC智能运维机器人等产品。

XR实验室将元宇宙划分为四层，并且每个层级都可以并行发展。

第一层是全息构建，在虚拟世界构建地图、人、物模型，并在终端硬件上进行显示，诸如现在市面上已有的VR看房等应用。实际应用：XR实验室与天猫已经合作构建了全息店铺，用户可以足不出户而逛遍天下。

第二层是全息仿真，虚拟世界的人、物模拟现实世界的动态，让虚拟世界无限逼近真实世界，诸如现在市面上已有的VR游戏、数字孪生应用等。目前阿里巴巴没有实际应用的例子，但已经有不少公司在做虚拟人模型。

第三层是虚实融合，虚拟世界的信息叠加到现实世界显示，技术本质是构建整个世界的高精度三维地图，并在这一地图上准确地实现定位、虚拟信息叠加等。实际应用：XR实验室与松美术馆合作搭建了AR艺术展。

第四层是虚实联动，虚拟世界的行为可以在现实世界产生反馈，通过改变虚拟世界来改变真实世界。实际应用：XR实验室研发出了一款苹果采摘机器人。"我们可以让机器人接收来自虚拟世界的任务指令，让它到物理世界执行各种任务；也可以在执行任务过程中，为虚拟世界模型更新提供实时数据。"[①]

阿里巴巴的业务核心在于电商。根据已经披露的资料，阿里巴巴将围绕淘宝、天猫等电商平台以及支付宝，逐渐打造自身的元宇宙平台。

搭建伏羲实验室，网易聚焦游戏与消费

作为仅次于腾讯的国内排名第二的游戏公司，网易在虚拟数字人领域也具有天然的大厂基因：虚拟人物需求明确、制作能力强、应用落地易、技术积累快。

游戏玩家常常遇到这样的场景：在虚拟世界中以自身虚拟形象触碰游戏中的NPC（Non-Player Character，非玩家角色），触发NPC对话、接受任务并开启自己的下一步游戏之旅。随着技术的快速发展，越来越多的玩家对NPC角色提出了更高的要求，他们希望NPC不只有重复固定的台词，而是要有个性化的外表、灵动的

---

① 关于元宇宙划分为四层的内容参考自 https://www.36kr.com/p/1582057452817159。

表情、鲜明的性格特征,能够进行多样化的沟通,带来更深的沉浸和互动体验。

面对这样的需求,位于杭州的"伏羲实验室"以游戏为切入点,研究方向涵盖了智能捏脸、表情迁移、动作迁移、语音生成表情、语音生成动作等技术,为该公司的虚拟数字人打下了"技术基底"。

《倩女幽魂》手游中的 NPC 角色"阿初"就是伏羲实验室早期打造的虚拟数字人。2019 年 6 月,《倩女幽魂》手游迭代全新版本,三界美少女阿初登场。与其他游戏中普遍的僵硬 NPC 不同,阿初可以随时和玩家互动,所有行为、对话都是基于 AI 实时产生的,更具灵活性。在交流的过程中,阿初不仅可以和玩家对话,还能根据交流的实际情况,展示相应的面部表情和肢体动作,与玩家进行情感互动,激发、回应玩家的情感。

2019 年 3 月,国际计算机视觉大会(ICCV)收录伏羲 AI 智能捏脸论文,而"阿初"便是基于该论文的应用成果。此后,伏羲实验室关于虚拟数字人的技术陆续推出:2020 年 2 月,伏羲 IP 动画编辑平台推出;2020 年 10 月,"有灵"虚拟数字人 AI 写歌词演绎亚运会好声音;2020 年 11 月,实验室 9 篇论文入选国际人工智能促进协会(AAAI);2021 年 2 月,关于 AI 感知表情能力的 3 篇论文入选国际计算机视觉与模式识别会议(CVPR)……基于这些 AI 技术实践,网易伏羲推出了"有灵虚拟人"的整体解决方案,包括智能捏脸、语音生成表情、音乐生成舞蹈、智能动画平台。

基于"有灵虚拟人"方案,网易在游戏领域进行了更多尝试。2020 年 10 月,在旗下游戏《逆水寒》中,网易伏羲召开了一场别开生面的人工智能学术会议。与会的 300 名学者在游戏中共处一个会议室，与会者能够选择虚拟角色进入会议，可以定制北宋风格的服装、发型和配饰，通过虚拟分身与他人互动、语音聊天，还可以发起群聊。若有违规用户，主持人可以随时请他离场，维护会场秩序。在会议的茶歇期间，与会者还可以在虚拟世界中观看虚拟舞蹈表演。这是国内首创的沉浸式游戏会议。

2021 年 1 月上线的 MMO（Massive Multiplayer Online，大型多人在线）游戏《天谕》是伏羲实验室虚拟数字人的集大成体现。许多下载好游戏的玩家还没踏上云垂大陆，就已经到了"一杯茶，一包烟，天谕捏脸一整天"的程度。对于女玩家来说，进入游戏捏脸两个小时是家常便饭，相比于男玩家们总是钻研各种奇葩脸型，女玩家们则专注于如何把自己的角色打造成绝世美女。基于发型、肤色、五官以及美妆系统，《天谕》中的玩家仅口红色号都能选到"眼花缭乱"，更可以通过自由轮盘手动调出各种颜色，"捏脸大赏"成为该游戏的人气功能。而凭借着虚拟数字人逼真的捏脸系统、充满人情味的 NPC 和对标现实的虚拟社会，《天谕》手游在上线后不久顺利登顶免费榜，并成功跻身畅销榜 Top 4。

除了游戏，伏羲实验室的虚拟数字人技术也开始商用，涉及消费、营销领域。

2021 年首个出道的虚拟偶像企业 IP 是麦当劳联合伏羲实验室推出的"开心姐姐"。二次元风格的开心姐姐身穿粉色衣服、头戴粉丝发卡，在出道视频中将自己定位为"唱跳型爱豆、讲故事达人"。消费者可在小程序中与其互动，而开心姐姐则会亲自教跳舞、讲故事等。与此同时，针对麦当劳的品牌营销特性，为吸引亲子群体，伏羲实验室结合开心姐姐"征名"活动，设计了与虚拟数字人互动跳舞等游戏，在社交媒体上引爆互动，成为麦当劳品牌 Z 世代年轻营销的一个范例。

老牌互联网企业结合 AI 提供的虚拟数字人技术方案，往往能够满足实际需求，这也助推了虚拟数字人快速渗透进游戏、影视、直播、金融、教育、医疗、文娱等更加丰富的场景。

爱奇艺：布局虚拟乐团厂牌和 VR 一体机

2021 年 4 月，蒙牛随变冰淇淋宣布了新代言人，携手爱奇艺虚拟偶像厂牌 RiCH BOOM 进行品牌合作。在主题曲中，RiCH BOOM 通过舞蹈和说唱演绎了随变冰淇淋"有实力、敢随变"的品牌主张。

此次代言让更多人注意到了 RiCH BOOM 这个虚拟偶像团体。作为国内首支原创虚拟偶像厂牌，RiCH BOOM 团队包括阳光帅气、唱跳俱佳的主唱 K-ONE、性感可爱的女鼓手 RAINBOW、机灵古怪的贝斯手 PAPA、Rapper 胖虎、DJ 机器人 P-2、乐团制作人 Producer·C。他们形象各异、个性鲜明，能够从更多维度覆盖不同粉丝群体。

自 RiCH BOOM 出道以来，爱奇艺便联动平台优质内容资源，助力其成为更具影响力的虚拟偶像团体。

在内容方面，RiCH BOOM 陆续发行了 14 首原创单曲，其中包括为都市情景剧《爱情公寓 5》演唱的片尾曲《闯》。该歌曲由美国好莱坞导演皮特·坎德兰德（Peter Candeland）执导制作MV，RiCH BOOM成员在绚丽的魔幻空间里表演了紧张刺激的飙车戏和潮酷的群舞，展现了其不服输的热血团魂。成员K-ONE为综艺《我要这样生活》演唱的主题曲 *All right* 切中了当代青年独居、自由的生活状态，用音乐实力和敏锐的情感洞察力圈了一拨最具消费力的潮流粉丝。

在资源方面，RiCH BOOM凭借爱奇艺在娱乐领域的布局，相继在爱奇艺自制的各大爆款综艺中亮相。例如，在"爱奇艺尖叫之夜"舞台，RiCH BOOM以"全息秀"进行演出，带给观众别样的视觉感受；在《乐队的夏天》中，RiCH BOOM登台演唱，一首《男孩别哭》掀起了复古热潮。在爱奇艺的不断努力下，RiCH BOOM的曝光度提高、粉丝量增多，商业价值也显著提升，他们与真人明星一样，登上过时尚杂志，与服装品牌进行过联动，代言过农夫山泉、蒙牛等诸多品牌。

2020年爱奇艺重磅推出的《跨次元新星》是国内首个虚拟人物才艺竞演综艺，发挥了爱奇艺自制综艺的优势，也让爱奇艺巩固了虚拟偶像"斗艳场"的平台地位。《跨次元新星》集结了市场上20多家公司的多个虚拟人物，并从中选出30多位优质虚拟选手展开多轮比拼，通过虚拟与现实的交互，为用户打造跨次元娱乐竞技故事。经过两个多月的激烈角逐，"留歌"以微弱优势成功夺得"次元星杯"，成为《跨次元新星》的总冠军，"PAPA"和"十火"分别夺得亚军和季军，三人成功签约爱奇艺。这些"次元星"都有让人印象深刻的身份和人设：留歌是虚拟偶像团体And2girls安菟的成员，PAPA 是说唱甜心，十火（又名火炎焱燚）是 Virtual plus 战队的实力歌手，D.M 是赛博朋克风虚拟偶像组合，寐鱼来自《山海经》，身着古风服饰，教跳五禽戏，顾城则是乐华娱乐旗下练习生，身高 1.88 米的元气帅哥，被誉为"天选皇族"。《跨次元新星》虚拟综艺完成全片 600 分钟的制作，首创将 CG 引擎实时 3D 渲染、数字孪生等多项技术应用于大型综艺节目，为用户打造全新的虚拟现实视听体验。

目前，爱奇艺已经打造了包含多元娱乐业态的生态，并和国内虚拟偶像全栈式服务商万象文化达成战略合作，引入其旗下虚拟偶像 IP，加速构建爱奇艺元宇宙，与之同步发展的是广告、发行、衍生业务授权等诸多 IP 货币化手段。围绕这些虚拟偶像 IP，爱奇艺不仅会制作优质的音乐和 MV，还将会开发 IP 衍生的动画、游戏以及衍生周边产品等，推动 IP 价值的最大化变现。

除此之外，爱奇艺还自主研发销售 VR 一体机，推出了奇遇 Dream VR 一体机等产品。爱奇艺创始人龚宇曾表示："VR 是我们的第四个终端，甚至它的意义超过第四个终端，前三个端是 PC、移动和互联网电视，所以我们对这件事特别重视。"2020 年 11 月，在 OPPO 未来科技大会上，爱奇艺推出了 AR 全息 MV 搭载 OPPO 全新 AR 眼镜，同时展示了适合 AR 场景的电影、动漫等素材。与此同时，爱奇艺也为观影推出了 VR 8K 全景直播方案。

从虚拟数字人的产业布局来看，爱奇艺已经打通虚拟偶像策划、制作、营销、变现的全链路，无论是创造虚拟 IP，还是推动虚拟 IP 进行影视、动漫衍生，都在爱奇艺的产业生态中实现了落地。

B站：拿下洛天依，构建国内最大虚拟主播社区

2020年初，B站的跨年晚会在众人期待的目光中缓缓拉开序幕，作为B站的超人气虚拟偶像，洛天依与著名的琵琶演奏家方锦龙跨次元合作，共同演绎了一首《茉莉花》，颇受好评，B站视频播放量超过380万。

作为国内二次元文化的聚集地，B站频频发力，深度布局虚拟数字人，基于虚拟偶像、虚拟主播形成了国内最大的虚拟数字人社区。

自增持洛天依母公司，成为该公司的控股股东后，B站终于拿下了洛天依这一超人气虚拟偶像，并将其打造成"当家花旦"。日本有许多知名的虚拟偶像，在我国也具有很高知名度。为了获得更大影响力，B站邀请了众多虚拟偶像入驻B站，如绊爱、织田信姬、本间向日葵、月之美兔等，这些虚拟偶像入驻B站后，都成了B站的虚拟UP主。同时，B站也签约了不少国内公司推出的虚拟偶像，比如默默酱、战斗吧歌姬等；此外，B站也根据自身聚焦二次元的定位打造了自身的虚拟代言人2233娘。除了负责卖萌之外，洛天依还会和2233娘这两位活泼可爱的代言人出席B站的各种线上活动，作为活动的主持人或嘉宾，为B站代言。而在对用户长期的陪伴中，2233娘也收获了不少粉丝。

虚拟主播则是在B站崛起的生力军，与虚拟偶像不同，虚拟主播是直播赛道的"核心玩家"。2020年初，虚拟主播"菜菜子Nanako"在B站出道，她一张口便呈现了极具辨识度的声线，被称为"治愈系小萌神"，而菜菜子的"皮下身份"蔡明老师也瞬间

被网友辨认出来，首场直播就冲到了微博热搜前5位，出道即"顶流"。借着"菜菜子"的东风，"虚拟主播"这个新名词进入更多人的视野中，"虚拟主播+中之人"成为B站直播界的新势力。据统计，2020年上半年，平均每个月约有4 000名虚拟主播入驻B站。

"虚拟主播"具有更灵活、下沉的商业化能力。从应用场景上看，虚拟主播主要基于与用户直面、对接的"直播"形式，通过借鉴真人的才艺表演、做游戏、聊天等，与用户完成交流、互动与陪伴；而虚拟偶像需要通过短剧、歌曲、演唱会、节目等方式积累人气，输出高质量内容，因此输出频率受限。从技术上看，虚拟主播的门槛更低，通过"中之人"设备，他们不需要深度学习、知识图谱等AI技术，利用面部捕捉、动作捕捉等技术便可以虚拟形象的动态同步，也可以实现更"人性化"的交流效果。从变现路径上看，虚拟主播的成本低、变现快。虚拟偶像在聚集其大量人气前，很难获得稳定或者大额的收入，而虚拟主播依托"直播间"，通过打赏、带货等方式更快、也更直接地获得收入。但B站数据显示，虚拟主播的平均月收入低于1 000元的占比超过75%，还有很大的运营空间。

UP主，特别是一批有才艺、有个性却不愿意"露脸"的UP主，是B站发展虚拟主播的独特优势。针对UP主，B站在技术门槛降低的基础上，推出一系列扶持计划，有效推动了UP向VUP的转化，比如"进去的冰糖"就是VUP的典型代表。进去的冰糖最初是普通的动画区UP主，主要进行《命运—冠位指定》（FGO）等游戏的直播与MMD的制作投稿，在2020年上半年转型成为直播势 VUP，并加入超电 VUP。而泠鸢 yousa 和 Hanser 则是 B 站知名唱见[①]，曾翻唱各类虚拟团体、动漫歌曲和国服歌曲，如今则转生成歌势 VUP。

在 B 站二次元土壤的培植下，虚拟偶像市场除了老牌虚拟偶像入驻，也涌现出 yousa、Hanser 等新生代虚拟偶像；虚拟主播领域则有超过 32 000 名虚拟主播在 B 站开播。更多的虚拟偶像和虚拟主播爱好者向 B 站集结，使 B 站成为国内名副其实的"中国虚拟主播最丰富、聚集度最高的平台"，形成了国内最大的虚拟数字人社区。

基于完整的内容生态、用户基数与虚拟 IP 运营能力，虚拟数字人产业在 B 站形成了良性循环。在庞大的虚拟数字人矩阵之下，B 站一年一度的 BML-VR（Bilibili Macro Link-Visual Release，全息演唱会专场活动）迎来了跨越式增长。根据 B 站公布的数据，在同样举办线下专场的情况下，2020 年 BML-VR 的直播峰值达到 1 087 万，相较 2019 年的 666 万，同比增长 63%——在大量线下演出取消的 2020 年，虚拟偶像的粉丝们在 BML-VR 中迎来了一场狂欢。2020 年的 BML-VR 也首次对日本直播，在日本在线弹幕视频分享网站 Niconico 的"非常满意"评价率达到 95.1%，实现了本土虚拟主播向发源地日本市场的成功输出，这也成为 B 站虚拟数字人产业持续发展的新市场。

---

① 唱见：也叫歌见，唱见歌手指在视频网站投稿翻唱作品的业余歌手。

巨头企业"造人"的商业逻辑

"造人"已成为各大企业进军"元宇宙"的第一步，而虚拟数字人成为巨头公司 AI 业务的标配战略增长点。腾讯 2021 数字生态大会推出"云小微"数智人平台，拥有文旅导览、金融客服、多语种主播、手语主播等多种不同职业身份和技能，可提供定制化角色服务；①此外，腾讯还聚焦虚拟数字人在线课堂、电商直播、在线会议等行业的应用。2021 阿里云栖大会专门设置了"元宇宙专区"，集合了京东方、新华智云、Rokid AR、虎牙、奇境世界等 20 余家企业，通过带领参观者体验项目，一起见证 AR、VR、全息影像、虚拟数字人等行业的最新技术，共同打造"元宇宙隧道"；百度世界大会则连续 3 年重磅推出"数字人"，包括浦发数字人小浦、央视主持人康辉和百度董事长李彦宏的数字人"小康"和"小李"、明星龚俊的"AI 数字人"等，同时推出商用的"数字明星运营平台"。

亲自"造人"和投资"造人"双管齐下。目前腾讯、字节跳动、网易、华为、科大讯飞正在展开在国内和国际市场上的虚拟数字人投资"狙击战"，覆盖了硬件、IP 孵化、内容生产及运营多个环节。无论是投资还是亲自下场，无论是部分服务还是全栈参与，巨头们正将虚拟数字人"植入"现有的生态和业务中，以期实现在社交、电商等领域的裂变式化学反应。

在巨头的加持下，虚拟数字人正朝着功能化、身份化、网联化

---

① 参考自 https://zhidx.com/p/302970.html。

和智能化发展：虚拟偶像商业化的成功，激活了市场，更多服务型、表演型等"功能化"的虚拟数字人正在被设计、制作、运营；作为人类分身的"身份化"虚拟数字人，将成为人们进入元宇宙的通行证，成为未来工作、社交、生活的抓手；从单机到联机，"网联化"将重新定义虚拟数字人的价值；算法驱动的"智能化"虚拟数字人，则是"元人类"的进化版。

是当"奔赴宇宙的星辰大海"的飞船派，还是做"沉浸在以假乱真的虚拟世界"的元宇宙派？当绝大多数巨头、行业冠军都参与"造人"时，或许答案已经明了，虚拟数字人的新世界版图已经展开。正如凯文·凯利所说："不久的将来，现实世界中的每一个地方和事物——每一条街道、每一个灯柱、每一栋建筑物和每一个房间——都会在镜像世界中拥有它的全尺寸'数字孪生兄弟'。"

第九章

未来框架：科技、经济和社会文明

新技术和应用不是胜在流量、价格、规模、体验、性能,而是其他维度。

《创新者的窘境》作者　克莱顿·克里斯坦森(Clayton Christensen)

面向未来,科技、经济和社会文明是我们思考元宇宙的三大要素,也是基本框架。科技为器,元宇宙应该代表更高的生产力,为社会经济和人类文明的长足进步赋能,这才是我们矢志追求的终局,也是我们"以终为始"去思考、去实干的根本依据。

目前存在很多关于元宇宙的争论。有些人认为它是虚无缥缈的乌托邦,是人类的"内卷",是社会文明的倒退。但不可否认的是,互联网正从平面化时代,向立体式、沉浸式时代迈进。虚与实之间的边界正在模糊,可以虚实联动,人们不只是查看文本、视频等内容,更可以身临其境,你感觉远在天边或根本不存在的虚拟人就在身边,大家可以一起对话、跳舞,这在网页或 App 上是做不到的。过去 20 年,互联网改变人类生活,将人和人的交流数字化。未来 20 年乃至更久,元宇宙将把人与社会的关系数字化,其终极形态将指向人类的数字化生存，对社会产生深远的影响。

毫无疑问，元宇宙不会一蹴而就，而是呈渐进式发展，单点技术创新不断出现和融合，"连点成线"，从产业各方面向元宇宙靠近。

第一节 数字科技：人与"人"共生

科技是推动历史发展的强大动力，科技进步对一个国家经济社会的发展越来越具有决定性作用。历史上两次工业革命都有其代表产物，第一次是蒸汽机，第二次是电灯，工业革命持续了200年左右，对当时的社会产生了巨大的影响，使得很多行业消失，但又催生出新的行业。

信息革命则是伴随着20世纪50年代计算机和人工智能的出现，以及90年代互联网的发展，带来了新经济体系和人类生存新范式，演进速度明显快于工业革命。2021年元宇宙兴起，可以视为信息革命进行到中期的一次拐点，这场革命被称为"数字革命"或"数据革命"更为贴切。到2050年，在信息革命进行到100年左右的时候，可能会迎来一次奇点，发达国家率先达到元宇宙阶段，中等发达及落后国家可能因为代际跃迁形成后发优势，逐步弥合数据鸿沟。

进入元宇宙时代，人机交互将重新定位于人与"人"这种最为自然的交互形式。虚拟数字人、数字货币等具有完全数字形态的产物成为元宇宙最具代表性的关键技术和产物。从互联网发展的底层逻辑判断，元宇宙聚合了多项关键技术，具有明显的产业跃迁特征。从产业界看，每家企业或科研机构都有各自的发力点和代表视角，例如 Meta 公司和腾讯发力社交场景，英伟达巩固 GPU 和软硬件一体化，Roblox 和 Epic Games 继续打造游戏生态，但从根本上来说，元宇宙将是一场技术竞赛。

如同 30 年前难以预测互联网的发展，我们目前也无法准确描绘未来元宇宙的形态，但归根结底，元宇宙的建设首先离不开各项技术和巨大算力的支持，AI 芯片、人工智能、区块链、5G 和虚拟现实技术都是构建元宇宙的关键技术。人工智能为元宇宙提供大规模、持久的内容生产；区块链保障元宇宙中的资产安全，稳定元宇宙中的经济体系；5G 为元宇宙提供高速度、低时延的网络；虚拟现实技术模糊现实与虚拟的边界，提供沉浸式体验。

AI 芯片和算力竞赛

要搭建一个多维的元宇宙场景，需要非常庞大、复杂的算力系统。

什么是算力？简单来说，算力就是计算能力，即数据的处理能力。算力除了和 AI 芯片强度相关，还和 5G 网络、云计算、边缘计算、硬件设备等关系紧密。目前我们的日常生活离不开算力——上班打卡的每一次人脸识别，通信软件里的每一次语音文字转换，导航设备里的每一次方向指引，都离不开算力的支持。

元宇宙时代，庞大的数据洪流无时无刻不在产生。根据英特尔的推算,全自动驾驶时代每辆汽车每天产生的数据量高达4 000GB,而目前仅中国的汽车保有量就有将近4亿台。"新摩尔定律"指出,每18个月,人类新增数据量是计算机有史以来数据量的总和。从2007年第一代iPhone发布,到2017年,iPhone的处理器发展到相当于2007年的100倍。海量数据对算力的需求也达到了前所未有的高度和强度,算力成为支撑数字经济持续纵深发展的重要动力。英特尔高级副总裁拉贾·科杜里(Raja Koduri)曾在一篇博客中表示,要支持数十亿人实时访问持久、沉浸式的世界,需要将计算效率从今天的最先进水平再提高1 000倍以上。从这个意义上说,算力将成为元宇宙的奇点,算力的天花板决定了元宇宙的发展速度和最终规模。

AI芯片是决定算力和能耗的重要基础,目前成为各大科技巨头竞争的高地。AI芯片主要分为GPU、FPGA(Field Programmable Gate Array,现场可编程门阵列)和ASIC(Application Specific Integrated Circuit,专用集成电路)三种。

GPU作为图像处理器,设计初衷是为了应对图像处理中的大规模并行计算,目前在浮点运算、并行计算、深度学习等方面可以提供数十倍乃至上百倍于CPU的性能。2011年吴恩达教授率先将其应用于谷歌大脑(一款模拟人脑的软件)中,取得惊人效果,结果表明,12颗英伟达的GPU可以提供相当于2 000颗CPU的深度学习性能。[1]GPU市场很长时间都被英伟达和AMD公司垄断。英伟达公司从2006年下半年开始陆续推出相关的硬件产品以及软件

---

[1] 杜传忠,胡俊,陈维宣.我国新一代人工智能产业发展模式与对策[J].经济纵横,2018(4).

第九章 未来框架：科技、经济和社会文明

开发工具，目前是显卡、人工智能硬件市场的主导。

FPGA 使用户可以根据自身的需求进行重复编程。与 GPU、CPU 相比，FPGA 具有性能高、能耗低、可硬件编程的特点。FPGA 比 GPU 具有更低的功耗，比 ASIC 具有更短的开发时间和更低的成本。[①]自 Xilinx（赛灵思）在 1984 年创造出 FPGA 以来，它在通信、医疗、工控和安防等领域占有一席之地，在过去几年也有极高的增长率。而在最近两年，由于云计算、高性能计算和人工智能的繁荣，拥有先天优势的 FPGA 的关注度更是达到了前所未有的高度。[②]

就目前市场而言，英特尔、IBM、德州仪器、摩托罗拉、飞利浦、东芝、三星等巨头纷纷涉足 FPGA，但最成功的是 Xilinx 与 Altera（阿尔特拉）。这两家公司共占据近 90% 的市场份额，专利达到 6 000 余项。英特尔在 2015 年以 161 亿美元收购了 Altera，也是看中 FPGA 专用计算能力在人工智能领域的发展。从行业巨头的动作可以看出，由于 FPGA 在计算能力和灵活性上大大弥补了 CPU 的短板，未来在深度学习领域，CPU 和 FPGA 的组合将成为重要的发展方向。

ASIC 是一种为专门目的而设计的集成电路。它无法重新编程，效能高、功耗低，但价格昂贵。近年来涌现出的类似 TPU（Tensor Processing Unit，张量处理器）、NPU（Neural Network Processing Unit，神经网络处理器）、VPU（Vision Processing Unit，视觉处理器）、

---

① 参考自 https://blog.csdn.net/qq_39507748/article/details/109402395。
② 杜一辰，蔡梅艳. FPGA 芯片在智能产品中的应用 [J]. 集成电路应用，2017，34（10）：75-77。

BPU（Brain Processing Unit，大脑处理器）等令人眼花缭乱的各种芯片，本质上都属于 ASIC。不同于 GPU 和 FPGA 的灵活性，定制化的 ASIC 一旦制造完成将不能更改，所以初期成本高、开发周期长，进入门槛高，因此大多是具备 AI 算法又擅长芯片研发的巨头参与，如谷歌的 TPU。由于完美适用于神经网络相关算法，ASIC 在性能和功耗上都要优于 GPU 和 FPGA，比如 TPU 的性能是传统 GPU 性能的 14—16 倍，NPU 是 GPU 性能的 118 倍。中科寒武纪公司已发布对外应用指令集，预计 ASIC 将是未来 AI 芯片的核心。[1]

ASIC 的另一个未来发展是类脑芯片。类脑芯片是基于神经形态工程、借鉴人脑信息处理方式、适用于实时处理非结构化信息、具有学习能力的超低功耗芯片，更接近人工智能目标，力图在基本架构上模仿人脑的原理，用神经元和突触的方式替代传统"冯·诺依曼"架构体系，使芯片能进行异步、并行、低速和分布式处理，同时具备自主感知、识别和学习能力。IBM 的 TrueNorth 即属于类脑芯片。目前类脑芯片尚处于发展初期，距离商业化还存在一段距离，这也是各国正在积极布局的领域。

不同种类的芯片适用于不同的场景。GPU 和 CPU 适合消费级和企业级市场；FPGA 更适用于企业用户，尤其是对芯片的可重复配置需求较高的军工和工业电子领域，非常适合在云端数据中心部署 FPGA；ASIC 如果能达到量产，其成本相对 FPGA 方案较低，因此更适用于消费级市场。

---

[1] 参考自 https://blog.csdn.net/qq_39507748/article/details/109402395。

第九章 未来框架：科技、经济和社会文明

5G 网络

2021年12月7日，剑桥大学与哈佛大学肯尼迪学院贝尔弗科学与国际事务中心发布了一份新报告，名为《伟大的科技竞争：21世纪的中国与美国的较量》(*The Great Tech Rivalry: China vs the U.S.*)。报告显示，中国是全世界最大的5G市场，截至2020年底，中国的5G连接占全球的87%。

报告指出，"几乎所有关键指标都支持中国将主导5G未来的预测。截至2020年底，中国的5G用户数达到1.5亿，而美国仅有600万。中国有70万个5G基站，美国仅有5万个。中国已开放460MHz中频频谱，美国仅开放70MHz。中国的5G网络平均速度达到300Mbps，而美国仅为60Mbps。在全球前五大5G设备供应商中，有两家是中国公司，美国公司无一上榜。"

报告还指出："中国已经在开拓尖端5G应用，包括智能工厂系统、用于工业应用的数字映射以及全世界首例基于5G的远程手术。"①

5G技术的发展也会推动XR技术的发展。很多企业希望利用XR技术创造出新的虚拟场景，却由于各种技术原因难以突破。例如，当前MR技术虽然已经诞生，但却难以应用到日常生活中。该技术是利用各式传感设备和大数据模拟技术来为人们打造出一个虚拟场景，而在4G网络下，很难完美模拟虚拟现实。受通信网络的

---

① 报告内容参考自剑桥大学和哈佛大学联合发布的《伟大的科技竞争：21世纪的中国与美国的较量》。

限制，更多触觉、听觉、嗅觉的模拟都不能实时进行，这就导致人们在模拟现实时难以获得身临其境的体验。而在 5G 网络下，各种智能设备能够传输更多的数据，这也为模拟各种感官提供了更为准确的信息。

区块链技术

2021 年 1 月 8 日，美国社交媒体 Twitter 宣布，永久封禁特朗普的账号。Twitter 宣称，已对特朗普账号发布的最新推文及相关情况仔细审查，鉴于该账号存在进一步煽动暴力行为的风险，Twitter 决定永久封禁特朗普账号。扎克伯格于 1 月 7 日宣布，将在 Facebook 和 Ins 平台屏蔽特朗普至少到 1 月 20 日其任期结束。

由此可见，Web2.0 是典型的中心化模式，即便是美国前总统的 Twitter 账号也并不完全属于个人私有财产，解释权属于互联网平台。严格来说，目前诸如 Roblox 之类的元宇宙游戏也只是元宇宙的早期雏形。

由于传统互联网平台存在的种种问题，区块链技术被视为 Web3.0 时代的重要代表技术，并被寄予厚望，未来的元宇宙将是去中心化、跨平台的，每个人都可以成为元宇宙的创造者，区块链将成为支撑元宇宙经济体系最重要的基础。当然，这个体系可能在很长一段时间，都将是中心化和去中心化相结合的。归根结底，用户的虚拟资产必须支持跨越各个子元宇宙进行流转和交易，才能形成真正互通的经济体系。基于区块链技术，将有效打造元宇宙去中心化的清结算平台和价值传递机制，保障价值归属与流转，实现元宇宙经济系统运行的稳定、高效、透明和确定性。[①]

从本质上讲，区块链是价值互联网，是一个通过分布式节点进行数据存储、验证、传递和交流的网络技术方案。区块链有四大核心技术：分布式账本、非对称加密、共识机制以及智能合约，以保证区块链系统的私密性和安全性，这是与上一代互联网的最大区别。那么，对于虚拟数字人以及元宇宙来说，区块链能解决哪些问题呢？

在理想情况下，区块链可以通过去中心化的权益记录，保障人们的虚拟资产权益不被互联网平台所掌控。这使得虚拟资产更接近于真实世界的真实资产，可以随意地流通、交易，不受互联网平台的限制。同时，区块链可以解决虚拟资产在多个平台流动的问题。当前，人们在网络上或游戏中的虚拟资产记录在运营方的数据库内，虚拟资产的跨平台转移需要实现多方数据互信，困难重重。而通过区块链公链记录虚拟资产的归属信息，并在去中心化网络中进行交易，能够实现虚拟资产的多平台流动。

除了数字资产，未来虚拟数字人的数字身份保护问题同样突出，由于社交、游戏、购物等场景将更加复杂多样，每个人都可能拥有多个虚拟化身，如何识别和保护每个人的身份数据将成为难题。利用区块链技术建立可追溯的分布式数字身份治理体系或许是一个解决途径，在这个体系下人们可以自主管理身份，人与人之间

[①] 参考自 https://www.huxiu.com/article/477537.html。

的网络链接发生在数据层面，而非平台层面，即使人们在线上拥有多重数字身份，在各平台上产生海量的活动数据，也不必担心数据泄露的问题。

在当前阶段，元宇宙的发展和区块链技术的发挥是有限的。可能在很长一段时间内，元宇宙早期的商业模式还是由中心化平台主导，可以想象一下 Meta 公司未来 10 年的战略版图，甚至可能导致更大规模的垄断，这对元宇宙的长期发展是极为不利的。

区块链的发展让我们看到了一种趋势：人们的资产与身份数据等可以不记录在提供服务的平台上，而是加密记录在区块链系统中。在这种模式下，平台无法垄断人们的数据，只能单纯地提供服务功能。借助智能合约则可以实现平台的去中心化运行，从而解决人们交流、交易中的信任问题。

交互技术和扩展现实

在 Web1.0 时代和 Web2.0 时代，主要的设备终端是个人电脑和智能手机。在元宇宙时期，我们可能利用 VR、AR 等交互性更强的设备，提升沉浸式体验感。交互技术分为输出技术和输入技术。输出技术指的是触觉、痛觉、嗅觉甚至通过神经信息传输等各种电信号转换于人体感官的技术，包括头戴式显示器；输入技术包括微型摄像头、位置传感器、力量传感器、速度传感器等。复合的交互技术还包括各类脑机接口，这也是交互技术的终极发展方向。

人们要想进入元宇宙，离不开 XR 技术的赋能。XR 指的是通过互联网技术和可穿戴设备产生的一个真实与虚拟组合的环境,是AR、VR以及MR等形式的统称。

对于元宇宙来说,XR就是开启元宇宙大门的那把钥匙。因为无论是互联网还是社交网络,都只是一种简单的信息投射,既不能使虚拟形象投射到现实世界中,也不能带领人们以虚拟分身进入虚拟世界,无法带给人们进入虚拟世界的沉浸感。但XR技术的出现将这种情况变为了现实。AR技术可以将虚拟形象带入到真实世界中,VR技术则能将人们带入虚拟世界,并提高人们在虚拟世界中的沉浸感,而MR技术能够将AR技术和VR技术相结合,将人们带到一个虚拟世界和现实世界相结合的世界。

此外,一些沉浸式VR体验店借助动作捕捉设备、VR设备等打造虚拟场景,与现实场景中的风感、触感等感官刺激相结合,推出了一系列沉浸式内容,为很多人带来一次"类元宇宙"的体验。例如,VR体验店THE VOID曾与迪士尼合作制作《无敌破坏王:大闹VR世界》《星球大战:帝国的秘密》等。其VR虚拟场景与现实场景一一对应:不仅是各种物体的对应,还有感觉的对应,当虚拟世界里出现风或岩浆时,人们也会感受到风吹过或温度上升。而且其设备能够识别手指交叉等高难度手部追踪动作,给人们更强的沉浸式体验。

据IDC预测,2020年我国商用VR的市场规模约为243.4亿元,预计到2024年将达到921.8亿元。而独立分析机构Omdia预测,到2025年VR活跃用户将突破4 500万。Meta、苹果、字节跳动和华为等科技巨头也纷纷提前卡位,布局XR领域。

可以预见，在不远的将来，随着 5G 技术的不断发展，企业能够利用更先进的 XR 技术创造出更加丰富的、真实的虚拟场景，人们可以通过各种智能设备足不出户进行"云逛街""云旅游"，也能够通过 XR 技术体验虚拟世界的生活。

无论元宇宙的入口在哪儿，高沉浸感内容的呈现都是元宇宙的必备元素。未来，当人们不只是进入到《堡垒之夜》或《我的世界》等虚拟世界中，还能借助 VR、AR 等设备出现在其他虚拟世界里，并能够更自由地、更有沉浸感地活动时，人们离元宇宙就会更近一步。

人工智能

人工智能技术在元宇宙的各种层面、各种应用、各种场景下无处不在，包括虚拟数字人的交互、区块链里的智能合约、游戏里的虚拟人物、场景和物品的自动生成、智能网络里的 AI 能力等，还包括虚拟人物的语音语义识别与沟通、社交关系的 AI 推荐、各种虚拟场景的 AI 建设、各种分析预测推理等。

自从 1955 年"人工智能"这个概念正式诞生以来，人工智能的发展经历了三次高潮。进入 21 世纪，随着大数据的迅猛爆发，人工智能得到了广泛应用和高速发展。人工智能的基础是大数据，可谓"无数据、不智能"，而中国，恰恰有着得天独厚的优势条件。在《伟大的科技竞争：21 世纪的中国与美国的较量》报告中，关于人工智能这一重要领域，报告指出，"在语音技术方面，中国公司在包括英语在内的所有语言上都在超越美国公司。全球最大的语音识别初创企业——中国的科大讯飞已经拥有7亿用户,几乎是苹果Siri用户的两倍。在金融科技方面,微信支付拥有9亿中国用户,大大超过苹果支付在美国的4 400万用户。"①

人工智能正在形成巨大的先进生产力。强人工智能阶段,AI将不仅能够识别,还能翻译、医疗诊断、无人驾驶、下棋,等等。未来,科技生态将呈现出越来越多的超级智能和类脑特征,全球正在形成一个规模庞大的数字大脑,元宇宙将是组成这个数字世界的重要部分。二维的社交网络开始向三维的数字空间进化,将现实世界映射到虚拟空间,甚至可以将人类的幻想具象化,带给人类梦境般真实体验。

2019年出版的《崛起的超级智能》曾绘制了一幅世界数字大脑的发育示意图(图9.1),这张图预言在混合智能和云反射弧之后,世界数字大脑的思维空间和梦境空间将成为新的热点,而它们与元宇宙存在着密切的关系。

随着AI、5G、XR、区块链、计算科学等技术的发展和融合应用,世界将会逐步形成一个完善的虚拟生态系统,虚拟世界和现实世界的界限将会进一步模糊。我们可以从现实世界步入虚拟世界,也可以从虚拟世界回到现实世界。这在某种意义上正如马化腾所言,我们正在走向一个"全真互联网"的新时代。

---

① 报告内容参考自剑桥大学和哈佛大学联合发布的《伟大的科技竞争:21世纪的中国与美国的较量》。

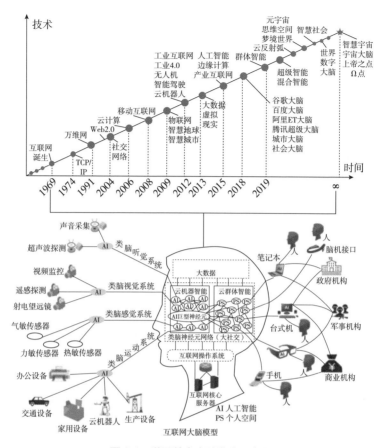

图 9.1 世界数字大脑发育示意图

资料来源:《崛起的超级智能》,作者刘锋

但就目前而言,元宇宙的构建还存在诸多瓶颈,比如算力、设备昂贵、内容缺乏、难以实现普及,等等。庞大的元宇宙需要大量高科技的基础设施和数不清的内容进行体验,要构建《头号玩家》中的绿洲,就算有功能强大的开发引擎和稳定运行的系统架构,所需的开发者仍是不计其数,维护成本也是任何一个互联网巨头无法承担的,只能由每个参与者进行设计和创作,共同丰富和维护元宇宙的运行。

对于科技巨头而言,比拼的不仅是商业模式,更是硬核科技实力。对于元宇宙发展布局,谁掌握了核心技术,谁就把握了未来的方向,谁就能赢得未来。这是一场综合实力的较量。华为、百度等公司发力打造芯片,力图摆脱对国外芯片厂商的依赖;英伟达巩固 GPU、AI 和 Oniverse 的霸主地位,持续构建技术"护城河";扎克伯格"十年千亿美元"计划,从科技到生态的构建,可谓气势如虹……这些公司都在布局科技,布局未来。

对于任何一家企业而言,在各个方面都能取得绝对优势是不现实的,还需要政府统筹战略布局、引导和互相协作,共同推进技术的大众化、商业化应用。受益于国家政策的大力支持,我国在数字新基建、前沿科技等方面取得了长足进步。一幅壮丽的"数字中国"新蓝图正徐徐展开。

第二节 数字经济:全球竞争新格局

2020 年突如其来的新冠肺炎疫情成为冲击全球经济的最大不确定性。但与此同时,数字经济在逆势中崛起,有效支撑疫情防控和经济发展,成为稳定经济增长的关键动力和最大的确定性因素。

数字经济与实体经济

数字经济是继农业经济、工业经济之后的主要经济形态,数字化转型正在驱动生产方式、生活方式和治理方式发生深刻变革,对世界经济、政治和科技竞争格局产生深远影响。[①]

2016年,二十国集团(G20)领导人杭州峰会通过了《二十国集团数字经济发展与合作倡议》,首次将"数字经济"列为G20创新增长蓝图中的一项重要议题,数字经济的概念应运而生。2017年我国政府工作报告首次提出数字经济,指出要推动"互联网+"深入发展,促进数字经济加快成长。[②]

关于元宇宙的发展走向,经济环境是必须考量的一个重要因素。目前,以互联网为代表的新经济已经成为推动全球经济的重要引擎和新的增长点。未来,元宇宙的发展应该为数字经济和实体经济的融合发展做出实质性贡献。

从全球范围看,人类生活在加速向数字生活转变,这也催生了更多数字经济新形态,在线办公、远程医疗、电子商务蓬勃兴起。这不是历史的巧合,而是必然。只不过疫情像加速器一样,加速了这一历史进程。尤其是近年来数字科技快速发展,互联网在恢复社会正常运转、重启经济发展动能、推动跨国抗疫合作等方面,发挥了重要作用。

[①] 参考自 http://www.china-cer.com.cn/shuzijingji/2021060412983.html。
[②] 同上。

在国内，数字经济在逆势中腾飞，2020年我国数字经济保持9.7%的高位增长，规模达到39.2万亿元，①占GDP比重为38.6%，占比同比提升2.4个百分点，较2002年的10%则提升了近3倍，有效支撑疫情防控和经济社会发展，在国内国际双循环中发挥了日益重要的作用。

按照国家统计局2021年5月27日发布的《数字经济及其核心产业统计分类（2021）》，将数字经济界定为以数据资源作为关键生产要素、以现代信息网络作为重要载体、以信息通信技术的有效使用作为效率提升和经济结构优化的重要推动力的一系列经济活动。②

数字经济主要分为"数字产业化"和"产业数字化"两个方面，两者形成互补关系。这两个方面具体又包括数字产品制造业、数字产品服务业、数字技术应用业、数字要素驱动业、数字化效率提升业5大类。

其中，前4大类为数字产业化部分，即数字经济核心产业，是指为产业数字化发展提供数字技术、产品、服务、基础设施和解决方案，以及完全依赖于数字技术、数据要素的各类经济活动，对应《国民经济行业分类》中的26个大类、68个中类、126个小类，是数字经济发展的基础。

第5大类为产业数字化部分，是指应用数字技术和数据资源为传统产业带来产出增加和效率提升，是数字技术与实体经济的融

---

① 中国数字经济发展白皮书[R].北京：中国信息通信研究院，2021.
② 参考自经济网文章《从工业经济蝶恋到数字经济》，作者：赵敏，计晓军。

合。该部分涵盖智慧农业、智能制造、智能交通、智慧物流、数字金融、数字商贸、数字社会、数字政府等数字化应用场景,对应《国民经济行业分类》中的91个大类、431个中类、1 256个小类,体现了数字技术已经并将进一步与国民经济各行业产生深度渗透和广泛融合。①

全球中央银行加速推进数字货币

自比特币诞生以来,加密数字货币给各国中央银行带来了很大的困扰,在中国、美国等主要经济体被认为是特殊的虚拟商品。从规模上看,全球加密数字货币总市值预计超过万亿级,体量还相对较小。从风险上看,加密数字货币具有较高的波动性和风险,其价格充满高度投机性。尽管还没有被人群广泛接受,但随着普及度和场景应用范围的不断扩大,加密数字货币还是为中央银行在全球货币政策中的主导地位带来了一定的挑战。

为应对上述挑战,一方面中央银行开始权衡是否创建自己的CBDC(Central Bank Digital Currency,央行数字货币)。事实是,进入2020年以后,各国央行普遍开始加快央行数字货币的研究和试点。这是数字经济发展、数字科技进步和货币体系不断演进的必然结果,也是未来货币市场竞争的制高点。另一方面,全球各国政府均加强了对加密数字货币的监管和规范。

---

① 有关数字经济的分类参考自 http://www.china-cer.com.cn/shuzijingji/2021060412983.html。

第九章 未来框架：科技、经济和社会文明

按照国际货币基金组织的定义，"央行数字货币是一种新型的货币形式，是由中央银行以数字方式发行的、有法定支付能力的货币。"一般而言，央行数字货币可以分为"账户版"（Account Based）和"Token 版"（Token Based，简称"通证"）两个版本。账户版转账时需要对应金融机构的账户体系，而 Token 版只要有数字钱包即可。加密数字货币主要采取 token 范式，用户身份与收款地址不挂钩，只需掌握私钥（传统银行体系中的密码），即可获得资产归属权，从而完整地保护用户隐私（图 9.2）。

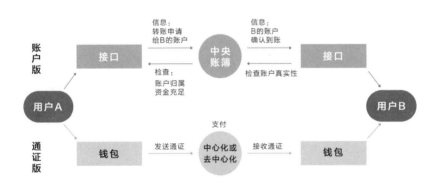

图 9.2 账户版和通证版的央行数字货币的基本原理

资料来源：国际货币基金组织

在我国，为防止互联网金融的过度创新，监管部门对加密数字货币进行了及时矫正，相关产业被列为"禁地"。其实早在 2014 年夏天，时任中国人民银行行长的周小川博士就提出要研究数字货币，并很快成立专门的研究团队，对数字货币发行和业务运行框架、数字货币的关键技术、发行流通环境、面临的法律问题等进行了深入

研究。2017年1月，人民银行正式成立数字货币研究所，在全球央行中较早进入央行数字货币的研究和实践工作，随后确立"数字人民币"（e-CNY）为中国版的央行数字货币，是数字形式的法定货币，数字人民币采取的是一种账户与token相结合的折中模式，旨在实现有限匿名和基本普惠。数字人民币基于区块链技术构建了统一的分布式账本，具有"支付即结算"的特性。数字人民币主要定位于M0[①]，和流通中的纸钞和硬币等价。人民银行采用DC/EP（Digital Currency / Electronic Payment，数字货币/电子支付）双层运营结构，先把数字货币兑换给商业银行或商业机构，再由商业银行或商业机构兑换给公众。

从2019年底开始，数字人民币相继在深圳、苏州、雄安新区、成都启动试点测试，到2020年10月试点扩大至"10+1"，即"10个城市和1个冬奥会场景"，增加了上海、海南、长沙、西安、青岛、大连6个试点测试地区和冬奥会场景。2022年伊始，数字人民币正式发布独立App，开始逐步进入广大百姓的日常生活（图9.3和图9.4）。

2021年7月16日，中国人民银行发布《中国数字人民币的研发进展白皮书》。从设计框架看，数字人民币采取中心化管理、双层运营。发行权属于国家，人民银行在运营体系中处于中心地位，负责向作为指定运营机构的商业银行发行数字人民币并进行管理，指定运营机构及相关商业机构负责向社会公众提供兑换和流通服

---

① M0，是指银行体系以外各个单位的库存现金和居民的手持现金之和。

务。数字人民币是一种零售型央行数字货币，主要用于满足国内零售支付需求。根据白皮书介绍，e-CNY 具有 7 大设计特性：

图 9.3 第一批数字人民币运营机构　　图 9.4 数字人民币 App 用户界面

（1）兼具账户和价值特征。采用可变面额设计，以加密币串形式实现价值转移。

（2）不计付利息。数字人民币定位于 M0，不计付利息。

（3）低成本。央行不向指定运营机构收取兑换流通服务费用，指定运营机构也不向个人客户收取数字人民币的兑出、兑回服务费。

（4）支付即结算。

（5）匿名性（可控匿名）。遵循"小额匿名、大额依法可溯"的原则。

（6）安全性。综合使用数字证书体系、数字签名、安全加密存储等技术，实现不可重复花费、不可非法复制伪造、交易不可篡改及抗抵赖等特性。

（7）可编程性。数字人民币通过加载不影响货币功能的智能合约实现可编程性。[1]

中国目前成为全球发行法定数字货币最领先的国家，美国联邦储备银行、欧洲中央银行、日本银行和英格兰银行等则相对落后。2019年下半年，国际清算银行对全球66个国家和地区（包括21个发达经济体、45个新兴经济体，覆盖全球75%的人口和90%的经济产出）的中央银行进行调研，结果显示：当前约有80%的中央银行正在进行CBDC的相关研究或实践工作；近半数中央银行同时聚焦于通用型和批发型CBDC；约有40%的中央银行已经从概念研究阶段进展到试验阶段；约10%的中央银行（包括巴哈马、巴西、加拿大、中国、厄瓜多尔、瑞典、乌拉圭等国家的银行）开始了试点项目。

从目前全球央行研究或试点情况来看，CBDC主要分为零售型和批发型。零售型CBDC的本质是数字现金，而批发型CBDC的本质是创新型支付清算模式。根据各国央行网站的披露信息，目前绝大多数国家的央行致力于研发零售型CBDC，部分国家和地区则推出了批发型CBDC研究项目，主要应用于银行间大额结算以及跨境跨币种支付等方面（表9.1）。

---

[1] 参考自中国人民银行发布的《中国数字人民币的研究进展白皮书》。

表 9.1 全球部分央行试点数字货币情况

数字货币	国家/地区	中央银行	宣布时间	批发/零售	所处阶段
e-Peso	乌拉圭	乌拉圭中央银行	2014	零售	试点
Jasper	加拿大	加拿大中央银行	2016	批发	试点
Ubin	新加坡	新加坡货币管理局	2016	批发	试点
E-CNY	中国	中国人民银行	2017	零售	试点
E-hryvnia	乌克兰	乌克兰国家银行	2018	零售	试点
Lion Rock-Inthanon	中国香港和泰国	中国香港金管局与泰国央行	2019	批发	研究阶段
DCash	东加勒比地区	东加勒比中央银行	2020	零售	试点
Jamaica CBDC	牙买加	牙买加中央银行	2021	零售	试点
Bakong	柬埔寨	柬埔寨国家银行	2020	零售	试点
Khokha	南非	南非储备银行	2021	批发	试点
Japan CBDC	日本	日本银行	2021	不确定	PoC（验证性测试）
E-RUB	俄罗斯	俄罗斯中央银行	2022	不确定	研究阶段
E-euro	欧洲	欧洲中央银行	不确定	不确定	研究阶段
E-shekel	以色列	以色列银行	不确定	不确定	研究阶段
Digital Dollar	美国	美国联邦储备银行	不确定	不确定	研究阶段

注：统计时间截至2022年2月。

全球金融数字化转型的趋势已十分明确，中央银行不会在未来的数字经济和元宇宙产业中缺席，无论落实与否，CBDC的加速研发都是中央银行理解并适应数字经济发展的一种重要方式。CBDC可能是货币演化过程中一个重要的里程碑级别的变革。从货币演化的历史来看,最基础的货币功能可能不会变化,但是货币形态一直在随着时代的变革而演进。

第三节　数字文明:人类文明的终局

　　数字文明日益成为人类文明新形态。互联网作为人类社会文明的产物,通过信息把全人类 70 多亿人连接在一起,让世界变成了"鸡犬之声相闻"的地球村,相隔万里的人们不再"老死不相往来"。互联网是社会实体因素的表现,又是高于一切社会存在的,理论上也是虚拟的。过去有人调侃,"你永远不知道,在网络的对面,和你聊天的是一个人还是一条狗"。未来,在元宇宙世界,我们每个人、每个生物都将拥有虚拟分身,可能你将很难判断和你一起玩游戏的是一个人,还是一只植入脑机接口装置的猴子。

　　可以说,继农业文明、工业文明之后,数字文明已成为最活跃的文明形态。层出不穷的新技术、新业态、新模式正在构建全新的数字文明,对人们的生产生活、社会经济形态甚至国家治理等各方面都带来了深远的影响,已全面融入经济、政治、文化、社会全过程。我们正在迈入全新的数字文明新时代。

数字化生存

数字化生存是数字文明的重要标志。自3 000多年前人类文明伴随着最早的文字——楔形文字、甲骨文出现以来，到印刷术的出现，再到两次工业革命，电力照亮了人类文明。此后，信息革命再次推进人类文明发生翻天覆地的变化，人类的生产生活进入数字化新时代。尤其是2020年初全球爆发新冠疫情以来，为了减少人体接触带来的传染，人类的生存方式向数字空间进行大范围迁徙，成为人类历史上从工业文明向数字文明演进的一个重要分水岭。

科幻片《阿凡达》中主人公双腿瘫痪，连上设备后成为阿凡达世界中族群的一员，既保留了原有人类的思维，也拥有阿凡达族人的外貌体征，并且能健步如飞，和现实中的瘫痪男子截然不同。热播美剧《上载新生》讲述了一个人类数字化永生的故事：在距今不远的2033年，濒死之人在去世前可以选择将自我意识"上传"到"数字天堂"从而获得"永生"，并且配备专人客服"数字天使"，富人可以住总统套房，穷人则只能住地下室，他们的生活质量取决于现实人类的"充值"。除了对消费主义的嘲讽、对资本社会的控诉等深层次问题，剧中的黑科技都可以视为基于现实科技基础之上的合理想象与延伸。

虚拟和现实之间往往只差"想象"二字，未来的到来只是时间问题。人作为典型的碳基生物，在技术变革下逐步变为"硅基+碳基"的生物，而"硅基"则是人类数字化的一面，尤其是一出生就生活在高速发展的互联网时代的Z世代群体，他们从小就接触智能手机、VR、AR 等各种智能终端,沉浸在各种高科技制作的科幻电影、游戏和社交中,他们早已习惯了数字生活。最近网上盛行 YOLO 文化,年轻人开始重新审视世界观。YOLO(You Only Live Once,直译为"你只活一次")文化鼓励人们不怕冒险,想做什么就做什么,享受人生,因为人只活一次。而随着元宇宙的实现,"虚拟分身"机制将成为大型"假面舞会",每个人都可以更加追求个性自由,可以有更多方式实现身份认同,可以切换不同的身份和角色,在元宇宙中沉浸式体验"第二人生"。

有人为这个时代的来临感到兴奋,也有人因此产生更大的担忧。但历史的浪潮扑面而来,不以个人意志为转移。迎接这个时代的正确姿势应该是将互联网思维进一步升级为数字化思维,用云计算、大数据、人工智能、区块链等数字技术和各行各业深度融合,把数字化基因融入我们的生产和生活当中。

2021年11月5日,"元宇宙"登上微博热搜。被网友戏称为"风口杀手"的罗永浩发微博称,我们的下一个创业项目,竟然也是一家所谓的"元宇宙公司"。经历了锤子手机、子弹短信、电子烟以及抗菌材料等一系列创业失败之后,罗永浩用直播带货的方式为自己还清 6 亿债务,事实证明他每次都站在了风口,并且成为直播带货超级网红,证明了自己的实力。这次他又以特有的第六感再次站上了风口。罗永浩的微博所配图片来自美国创业者和天使投资人沙恩·普里(Shaan Puri)的推特。沙恩·普里认为目前大家对于元宇宙的看法都是错的。大部分人认为元宇宙是一个虚拟空间,像电影《头号玩家》或者扎克伯格宣传片中演示的一样,但元宇宙不是一个空间，而是时间上的某一个点，像人工智能领域的"奇点"，我们生活的每一个重要部分都在数字化。如果人们对屏幕的注意力过渡到90%，虚拟生活变得比真实生活更重要，到那个时刻，人类将全面进入元宇宙时代。

沙恩·普里的观点引起了罗永浩的兴趣，他在自己的微博中写道，"非常深刻，从来没从这个角度想过这个问题（这差距让人有些伤感），这比扎克伯格理解的元宇宙概念靠谱多了。从这个角度出发，我们未来在科技行业要做的很多事，都会不可避免地引领我们走向这个元宇宙，甚至不管我们是否愿意。从这个角度出发，我们的下一个创业项目，竟然也是一家所谓的'元宇宙公司'……"

其实，无论是从空间角度还是从时间角度来看，元宇宙的到来一定只是时间问题。到那一天，我们可以随时进出虚拟世界，就像现在每天登录微信一样。

埃隆·马斯克曾经说过，最终虚拟世界和现实世界是没有办法区分的。他认为人类社会可能就是一个更高文明建立的虚拟矩阵，我们就生活在这个虚拟矩阵里面。[①]

2%的人类进化

《教父》里有句台词，"花半秒钟就看透事物本质的人，和花一辈子都看不清事物本质的人，注定有截然不同的命运。"

---

① 参考自 https://mp.weixin.qq.com/s/4PhsL7LPkxW42A9GOyMcUQ。

历史上每次科技的进步都会对当时的社会产生巨大的冲击，使得很多行业消失，但同时又催生出新的行业。最先受到冲击的会是传统生产线上的工人，机器可以替代人类做重复性的工作，特斯拉的工厂已经完全机械化，没有人工作业了。而随着人工智能的发展，某些高端行业领域，比如病理诊断，机器识别病症的识别率开始高于医生了。

《智能时代》的作者吴军曾说过，在未来，机器为人类所用，给人类提供服务。可能98%的人都在享受人工智能的成果，2%的人在设计AI。而这2%的人会有绝对话语权，所以如果不想被社会淘汰的话，要争取成为2%的人。[①]

元宇宙的世界也是如此，看透本质的能力将区分你是2%还是98%的人。

就当前而言，我们并没有做好迎接元宇宙到来的准备，无论是软硬件技术的进步，还是科技治理或社会伦理问题。例如：

（1）数字身份的治理问题。元宇宙不是"法外之地"，同样需要法律，甚至是更加严格的规范和监管。作为人类在元宇宙的存在和交互载体，数字身份必须权威、可信，能够提供足够的实名信息，作为"锚点"去定位人的权力义务和交易行为，以降低自己承担法律责任的风险。保护好个人隐私，同时为价值系统构建、资产流动和信任传递提供基础支撑。当数字价值的生产和交易都发生在虚拟空间中，数字身份对财产的追索和对判决的执行也将成为

---

① 参考自 https://zhuanlan.zhihu.com/p/30804084。

必然。

（2）沉迷带来新的社会问题。元宇宙具有人机交互、沉浸式体验等特点，加之其对现实社会具有"补偿效应"，有天然的"成瘾性"，在虚实之间自如切换的同时，沉迷风险必然存在。如果大量的人沉迷于元宇宙中，在现实世界中只维持最低限度的生活，而将绝大部分时间和精力投入元宇宙，在里面生活、赚钱、社交等，直到肉体死去，这可能会带来严重的社会问题，导致出生率进一步下降，现实世界科技发展停滞甚至倒退，这可能是我们即将要面对的现实。

（3）现实经济体系面临冲击。元宇宙的经济系统不是互联网经济系统的翻版。随着元宇宙经济关系和货币体系的发展，虚拟资产的定义与交易、虚拟货币的发行与大量使用，会对现实经济体系带来巨大的影响。比如，人们在元宇宙中越来越多地使用虚拟货币，人们对现实货币的需求会逐渐减少，进而现实世界中的货币体系可能会因受到冲击而消失。在这个过程中，金融体系会受到严重的冲击，需要政府和金融机构提前做好充分的准备。

（4）数据安全和隐私保护问题面临挑战。元宇宙收集的个人数据的数量和丰富程度前所未有，包括个人生理反应、运动，甚至可能是脑电波数据。如何保障数据安全、如何定义数据安全和隐私保护的责任主体、如果用户的个人数据在元宇宙中被盗或滥用，会对现实世界的用户产生什么影响等诸多问题都亟待被回答。如何协调保护数据、如何确保隐私数据的安全性必然是人们最担忧的问题。

（5）法律监管方面需要新的手段。元宇宙是虚拟空间和现实社会的高度融合，违法犯罪行为速度更快、影响更大；身份隐匿和全球去中心化分布，也会给预防和打击犯罪方面带来新的挑战。一方面，需要针对元宇宙的特点和价值体系，有针对性地建立完善的法律法规体系；另一方面，需要研究、开发新的技术手段和工具，比如网络轨迹定位、AI 行为分析、社会关系图谱等，打造能够为元宇宙提供安全保障、预防犯罪的基础设施。这些手段都需要有更加成熟的落地和实践。

此外，全球可能面临深层次的均衡发展问题。如果按照社会阶层和经济状况将人口分类，会发现过去社会呈纺锤形状，大量的人是中产阶层。但随着阶层的分化，尤其是崇尚精英主义的资本主义国家越来越呈金字塔形状，少部分人是精英，大量的人处于底层。这样的社会不会太稳固，最底层常常最容易产生动荡。尽管世界各国都在不断提高穷人的福利，但各国呈金字塔形状的发展趋势却越来越明显。

网络空间命运共同体

2015 年 12 月 16 日，第二届世界互联网大会在浙江省乌镇开幕。习近平主席出席开幕式并发表主旨演讲，强调互联网是人类的共同家园，各国应该共同构建网络空间命运共同体，推动网络空间互联互通、共享共治，为开创人类发展更加美好的未来助力。

全球数字化的浪潮不可阻挡，未来以元宇宙为基础的"地球新家园"正在徐徐打开。在全球数字化体系中,没有任何一个国家、企业或个人能够独善其身。面对数字化时代的新特点,需要构建新的思维体系和行动体系,必然需要构建网络空间的命运共同体。

同时,网络空间同样是改变国家关系的一种现实力量。大国的博弈已不只是军备、科技的竞赛,目前国与国的交往已经绕不开互联网,网络攻击已经频频发生,网络安全越来越重要。此外,意识形态和生态文明的竞争更是剑拔弩张。我们在充分肯定互联网等信息科技发挥积极作用的同时,也要看到其衍生的消极因素。这也是为什么我国要颁布《中华人民共和国网络安全法》《关于加强网络文明建设的意见》等重要法律法规的核心原因。

社会发展到今天,正在进入以信息产业为主导的经济发展时期,网络空间已成为人类共同的活动空间,网络空间的前途命运应由世界各国共同掌握,各国共同构建网络空间命运共同体。但网络空间同现实社会一样,既要提倡自由,也要保持秩序。国际社会要在尊重网络主权的基础上,相互尊重、相互信任,加强对话合作,共同推动互联网全球治理体系变革,共同构建和平、安全、开放、合作的网络空间,建立多边、民主、透明的全球互联网治理体系。

"当前,数字技术正以新理念、新业态、新模式全面融入人类经济、政治、文化、社会、生态文明建设各领域和全过程,给人类生产生活带来广泛而深刻的影响。"2021年9月26日,习近平主席向2021年世界互联网大会乌镇峰会致贺信。习近平主席在贺信中还指出:"构建数字合作格局,筑牢数字安全屏障,让数字文明造福各国人民。"

涓涓细流，汇聚成海。"数字文明"已经成为这个时代全球发展的新脉络，中国智慧、中国方案将为世界发展注入更多新活力。

后　记

我和张丽锦是同龄人，也是福建老乡，爱喝茶。决定开始写这本书，就源于有一天喝茶喝到位了。

说到虚拟数字人，我们都不陌生。出于工作原因，我们对于如何"玩转"一个虚拟数字人，有很多的实战经验。但真的着手去研究，要把经验分享给行业，在很长一段时间，我们显得手足无措，不知道从何处下笔。这个产业很热、很有市场前景，但是并不成熟。于是我们阅读了大量关于互联网发展史的著作和报告，以及人工智能、区块链相关的技术书籍，还调研了很多企业和投资人，喝了大量的茶，希望能多一些灵感。

美团董事长王兴有句话：看懂过去，看清现在，看见未来。

我们甚至重温了很多科幻电影。比如《头号玩家》，一个游戏头显可以让人穿越进绿洲，拥有一个全新的虚拟身份；比如《阿凡达》，人类躺在座舱里接入人造的纳威人后，就可以进入另一个星球；再比如《上载新生》，即将死去的男主角选择将自我意识"上传"到"数字天堂"，从而获得"永生"……

我们的经验是，电影和喝茶是绝配，往往能让大脑产生更多的多巴胺，激发想象力。

现实中，人作为典型的碳基生物，在人工智能、脑机接口、生物医学等技术变革下已经逐步变为"碳基＋硅基"的生物。未来，人机共生很可能是常态，人与数字人、机器人如何更好地一起共存？这一点，我们没想好，更没准备好。

但历史总是在"内卷"与"反内卷"中螺旋式前进，尤其是每一次科技革命的早期，"矛"与"盾"的矛盾更加突出，先进的生产力与落后的生产力总会产生极大的冲突，不同的价值观也会跳出来"吵架"。元宇宙也是如此。

在我们看来，元宇宙急不得，但虚拟数字人拖不得。

时间会证明一切。

最后，我们要特别感谢中译出版社的各位老师。本书的顺利出版和发行，离不开乔卫兵社长的鼓励和支持，也离不开于宇主任、黄秋思编辑和田玉肖编辑的专业指导和帮助。

若读者有更多更好的想法，欢迎发送邮件至43515882@qq.com，或关注公众号"aitrends"，一起交流、探讨。

专家推荐

当前全球经济仍处在脆弱复苏的阶段，在新一轮科技革命和产业变革的驱动下，数字经济正成为实现经济复苏、推动高质量发展的新动能和新引擎。各行各业都在积极推进数字化转型，以更好地实现生产端和消费端的连接，促进产业升级。《虚拟数字人3.0》这本书包含了陈龙强先生在数字化转型升级工作中得到的思考和实践成果，并以大量的案例和数据，明确了虚拟数字人将为企业数字化转型带来新范式和新途径，从而达到降本增效、提升用户体验和品牌美誉度等效果。这些洞见还将帮助产业各方在未来的元宇宙浪潮中得到更多有益的启发。

全国政协委员，南方科技大学副校长　金李

我个人预判：1. 时间上有平行宇宙；2. 空间上可以不同宇宙穿

梭；3. 生命上碳基与硅基结合一体；4. 能量、物质、信息三者融为一体。而在当下，元宇宙已经是不容忽视的新产业、新战场、新机遇，虚拟数字人是其中一个重要赛道，《虚拟数字人3.0》为行业发展指明了方向，很有参考价值。

畅销书《元宇宙》三部曲作者　易欢欢

元宇宙是人与空间的连接、人与"人"的连接，虚拟数字人是其中非常重要的交互载体，目前已经成为行业巨头和投资界非常看重的赛道。《虚拟数字人3.0》作者从实践出发，洞察产业竞争格局，本书对产业发展和资本市场都很有指导意义。

红杉中国合伙人　刘星

元宇宙还在发展早期，但虚拟数字人已经是触手可及的热门产业，体现出了蓬勃的发展趋势，Meta、英伟达、腾讯、阿里巴巴等科技巨头纷纷布局。《虚拟数字人3.0》以宏大的视野，结合一线实战经验，为未来描绘了一幅星辰大海，是数字经济大航海时代的一颗明珠。

软银中国合伙人　潘政荣

虚拟数字人是数字化应用中非常重要的交互载体，同时融合了信息技术和生命科学技术，既有很高的产业应用价值，又具有长远的市场想象力。国内外的科技企业和资本市场都给予了充分重视。《虚拟数字人3.0》作者有很强的一线实战经验，本书以宏大的视野完整展现了虚拟数字人的发展历程，充分诠释了产业竞争格局，并给出了产业实践指南，不失为一本专业、理性又引人思考的宝典，读起来也非常轻松。

源码资本合伙人　　吴健

互联网连接过去和现在，"元宇宙"会帮助我们在更远、更深、更宽的维度上连接未来，而"数字人"则可能是我们和"元宇宙"之间个性化的引路人、助理甚至伙伴。《虚拟数字人3.0》为我们进一步了解"数字人"打开了一扇美妙的窗口，启迪思考，丰富想象，也帮助我们更好地规划未来"元宇宙"的蓝图。

全明星基金创始人，前摩根士丹利董事总经理　　季卫东

如同在过去二十年见证并积极参与推动移动互联、人工智能、新能源等一系列新兴领域，给人类社会带来日益广泛而深刻的影响，资本市场对今天的元宇宙话题充满期待。每一个领域的兴起，都伴随着相应生态的迅速演化迭代。《虚拟数字人3.0》一书对元宇宙生态提出了系统而独到的见解，对元宇宙的核心元素之一"虚拟数字人"做了深入而富有启发意义的讨论，作者视角高远却又不脱离实务，值得品读。

中信建投证券香港投资银行业务主管　　王威

近些年来，AI人工智能、XR技术、专业图形可视化、超级算力、物理模拟、区块链等技术的集中落地应用以及普及，让数字世

界创建的门槛更加"平民化",让每个人都成为数字世界创建的参与者,可以让数字经济无限拓展;同时,类似《虚拟数字人3.0》这本书一样,更加关注产业化的落地,让技术的进步最终赋能人类文明朝向积极、友善和美好的方向进发,才是我们应该努力去追求的。

英伟达中国区 RTX/ 元宇宙概念平台 Omniverse 业务负责人
何展

《虚拟数字人3.0》全书由浅入深,对数字人及元宇宙的体系发展进行了全面分析和前瞻洞察。金融机构率先探索了服务领域数字化和智能化,如今大量传统服务已经实现线上化,并催生了大量创新实践。书中全面阐述了虚拟数字人方向已有的实践案例,并对该领域的产业化要素进行了深入剖析。随着产业数字化进程不断深入,虚拟数字人必定会持续扩展落地领域,为企业在数字化阶段的品牌、营销、服务体验等带来深远的影响。

百度副总裁　李硕

虚拟数字人在近两年就将获得大量的应用,主要原因可能有两个:一是新鲜感带来的眼球效应;二是使用虚拟数字人一定程度可以缩减服务成本,并获取大量服务场景的数据。我看好虚拟数字人这个领域的发展。这个领域将成为"聚合技术"应用的典范,即聚合大数据、人工智能、物联网、材料科学、仿生学等先进技术的综合性应用。

苇草智酷创始人、信息社会 50 人论坛执行主席　段永朝

  从虚拟偶像破壁吸金到 NFT 开始颠覆艺术界的游戏规则，只不过是弹指一挥间（近三年来）的事情。在影像通过网络快速复制和传播的当下，我们更关注新媒介的变革。媒介为各种文化载体的迭代生长提供了一个巨大的舞台，但舞台始终存在边界，想要突破限制，就要主动拥抱媒介变革的到来。元宇宙无疑为我们打开了新的媒介大门。《虚拟数字人 3.0》从元宇宙的整体趋势出发，预见虚拟偶像将成为商业化新爆点，同时对虚拟数字人的发展方向和路径有深入的洞见，是研究元宇宙产业的必读书。

爱奇艺副总裁　杨晓轩

  数字化的本质是抽象，抽象带来复用，进而带来效率的提升。人类科技发展始终没有停止对宇宙和自身的探索，这一过程也伴随着知识的产生。《虚拟数字人 3.0》一书会是推进这一文明进程的重要篇章，从前沿知识普及到应用价值展望，让科技更早地与产业界连接形成闭环意义重大。

网易伏羲实验室创始人　范长杰

  数字技术的快速发展，推动了消费"元宇宙"的爆发，不少顶级消费品牌开始率先试水虚拟数字人、数字藏品等新营销方式。元气森林也在积极尝试产品数字人、虚拟偶像合作等营销创新。《虚拟数字人3.0》正是一本让我们快速了解虚拟数字人产业、应用场景的"及时雨"读本，对品牌公司、营销公司及普通大众都有很好的知识普及价值。

元气森林副总裁　李国训

当前，数字经济发展速度之快、辐射范围之广、影响程度之深前所未有，正在成为重组全球要素资源、重塑全球经济结构、改变全球竞争格局的关键力量。数字化事实上已经浸透到生产、生活的各个层面，不仅拓展了个人的效用空间，而且改变了"人"个体的表现形式，由此引发大量虚拟数字人的场景探索与创新。本书从身边的鲜活案例入手，基于全球视野与实证手段，逐渐深入到对于产业变革、社会变迁的思考，给各类读者都能带来极佳的阅读体验。

国家金融与发展实验室副主任　杨涛

无人可以阻挡元宇宙的来临，这是由市场需求、科技潮流、资本意志共同主导的趋势。简单地进行道德审判没有意义，像所有科技创新一样，是天堂还是地狱取决于你心里住着天使还是恶魔。这本书本来可以交给虚拟数字人去完成，但可惜，它没有纯真和忧伤。人文主义永远是科技野马的缰绳，未来需要你为越来越强大的虚拟数字人赋予温柔的灵魂。

知名财经评论员　石述思

元宇宙，孕育了数字新人类。虚拟人与虚拟世界架构出新数字人类世界，打破了物理世界的既定规则，也必将重新建立人类世界观。虚拟人将是人类的新伙伴，在元宇宙中将指数增长，在与人类交互学习中成长为主流新人类。

新智元创始人　　杨静

虚拟数字人是未来社会和产业智能化发展中最为核心的带动性"节点"，它已横跨移动互联网和元宇宙的构建，本书对于已经进入场景应用和资本化发展阶段的机构和专业人士而言，无疑是不可或缺的重要参照。

教育部长江学者特聘教授，北京师范大学新闻传播学院学术委员会主任，中国传媒经济与管理学会会长　　喻国明

元宇宙成为热词席卷全球，但非专业人士往往难得要义。作为元宇宙核心环节的虚拟数字人，已经走进部分生活场景，随着未来虚拟数字人的爆发式"繁衍"，每个人将置身于与数字人全面共存的新时代。《虚拟数字人3.0》成为我们迎接未来的必修课。

广东省金融科技协会副会长，北京大学汇丰金融研究院学术委员会委员　　王志峰

AI、VR、5G以及三维引擎等数字科技的不断成熟，正促使互联网不断溢出其媒介属性，而逐渐进化成为一个具有高沉浸性与临场感体验属性，以及拥有多元社会角色与完整社会机能的虚拟网络

社会——"元宇宙"。在这样一个虚拟网络社会中，人们借助可观可感的"虚拟数字人"，可以彼此相互关联，跨越身份背景，体验"第二人生"，同时也造就了多元文化的冲突与融合，带来蔚为壮观的当代数字文化景观。虚拟数字人作为通过数字技术生成，并根据所接入的人工智能算法、知识系统等后端系统，完成信息传达、情感表达、交流互动等任务，是元宇宙能够走向更广大群众过程中的必经之路。但虚拟数字人行业目前仍属于发展的前中期，在表现层、技术层、传输层上都还存在诸多技术瓶颈，亟需从人才培养、技术升级、跨学科研究等方面推进产业发展。《虚拟数字人3.0》这本书洞察了行业的现状及挑战，提供了迅速客观了解行业的钥匙。

中国传媒大学动画与数字艺术学院教授、博士生导师　吕欣

金融业天生具有数字属性，与数字经济有很强的耦合性。以虚拟现实、数字孪生、虚拟数字人等技术为代表的元宇宙正扑面而来，新一轮数字化浪潮正深刻影响着金融业。陈龙强先生拥有多年金融科技规划和数字化转型经验，对前沿科技亦有很深的洞察，相信读者读完跟我一样，会有很多启发。

中国人民大学财政金融学院党委副书记，金融科技研究所执行所长
宋科

虚拟数字人是人类吗？虚拟数字人来自元宇宙吗？虚拟数字人有什么用？陆九渊曾说："吾心即宇宙，宇宙即吾心。"借助数字技术，人类将在物理宇宙和数字宇宙的双重时空中自由穿行，宇宙的概念进一步扩大了。分析虚拟数字人的本质，既要从技术和哲学的角度认识这个超越现实世界的新物种，更要从经济金融的角度深刻剖析其对经济社会的影响。《虚拟数字人3.0》的作者从实践中来，用理论者的理论，到实践中去，深入浅出地论述了虚拟数字人的前世今生和未来。

中央财经大学中国互联网经济研究院副院长、金融学院双聘教授
欧阳日辉

2021年元宇宙（Metaverse）的概念伴随着Facebook更名为Meta而风靡全球。但是大多数人对元宇宙还只是一知半解，缺乏系统了解。我很高兴看到陈龙强先生和张丽锦女士在这么短的时间里完成了《虚拟数字人3.0》一书，向我们系统介绍了虚拟数字人的历史演变，众多新概念和新名词，以及元宇宙对未来企业、消费者、经济和社会文明的深远影响。此书内容丰富，包含许多有趣的案例介绍，兼具全球视野，非常值得企业家和相关研究者将之作为2022的必选读物之一。

新加坡国立大学商学院教授　柯滨

元宇宙发展处在早期、争议的阶段，但数字科技、数字经济发展得如火如荼。虚拟数字人是元宇宙及数字经济发展必不可少的关键载体之一。本书系统性地对虚拟数字人的定义、发展史、产业链态势等进行了阐释和分析，可以使得读者清晰地了解到虚拟数字人的全貌和其产业作用，帮助读者进一步学习、思考元宇宙世界。

上海区块链技术研究中心主任　马小峰

　　近年来，各种各样的虚拟数字人在各行各业被广泛应用，元宇宙的火爆更直接带动了虚拟数字人的热潮。与此同时，法律法规、伦理规范的不完善却制约着社会大众对于虚拟数字人的认知，虚拟数字人的发展也面临技术和基础设施、场景和商业模式的制约。《虚拟数字人3.0》一书对虚拟数字人的发展历程、技术进程和市场布局进行了系统且深入的阐述，厚重不失轻松，视角独特又立意深刻。对于投资家、企业家和决策者来说，本书值得仔细阅读和深思。

无锡数字经济研究院（无锡高新区双碳研究院）执行院长　吴琦

　　数字人产业是产业链招商中延链、建链的重要抓手，数字人产业集群适用于所有产业链的延链，产业链中引入数字人产业是快速实现产业数字化的一种途径。《虚拟数字人3.0》一书能让读者快速了解数字人产业，是数字化经营的必要读物。

中国世界贸易组织研究会招商引资服务专业委员会主任　傅凯

　　在人类社会的数字化大迁徙中，我们"进入"数字空间，以及在数字空间中交互并创造价值的方式将发生显著变化，虚拟数字人是这方面的一个重要趋势。虚拟数字人既可以是真实人的数字分身，也可以具有相对独立的身份、性格甚至"生命"。虚拟数字人在带来新的商业机会的同时，也会带来伦理和监管上的挑战。陈龙强先生和张丽锦研究员的这本力作，为我们理解虚拟数字人提供了指引。

万向区块链首席经济学家　邹传伟

虚拟数字人是当前现实世界和元宇宙的重要连结点，将"数字人"融入银行服务的各个场景，是未来商业银行数字化转型的重要途径之一。2019年，浦发银行就发布了"数字人"合作计划，利用数字员工、虚拟客服等"数字人"在情感感知、海量信息、深度学习等方面的优势，深化"以客户为中心"的服务宗旨，创造更亲切、更专业、更精准、更智能的金融服务的崭新体验。未来，科技赋能将成为银行业转型发展的重要助推器，相信陈龙强先生的研究将会对行业发展带来全新启迪。

浦发银行副行长　谢伟

在数字经济和数字金融高速发展的当下，围绕数字化转型新征程和"双循环"新发展格局，银行业紧跟国家发展战略及产业创新步伐，不断深化数字化转型，积极布局前沿科技、赋能实体经济。《虚拟数字人3.0》作者通过自身的实践和思考，详细阐述了产业变革的缘起和路径，阅读此书，可以得到很多有益的启发。

北京银行首席信息官　龚伟华

元宇宙技术与实体产业的融合必将催生全球新一轮科技创新热潮，元宇宙产业也将成为数字经济新的动力引擎。《虚拟数字人3.0》

一书以全球视野、详实案例和数据对虚拟数字人产业做了深入的介绍和讨论，对我们了解元宇宙产业和产业科技创新很有启发和指导意义。

东华软件党委书记、董事长　薛向东

虚拟数字人作为近来大火的概念之一，有国内厂商在基础层与平台层的技术作依托，形成从开发到实际应用场景领域落地的完整体系，应用领域多元，落地场景丰富，尤其在虚拟偶像方面，商业市场前景广阔，破圈走向主流文化已是大势所趋。《虚拟数字人3.0》一书全面描绘了从技术到应用的整个虚拟数字人产业生态，展示了3.0时代的虚拟数字人产业概况，相信对广大读者会有深刻启发！

中科金财董事长　朱烨东

《虚拟数字人3.0》从虚拟人这个独特视角入手，见微知著，以点带面，为我们打开了元宇宙的大门。作者具有丰富的互联网实战经验，尝试去构建元宇宙的"人、场、物"，把虚拟数字人真正放到元宇宙的商业应用场景中去观察和思考，非常具有启发意义。

中科深智创始人兼CEO　成维忠

我们正处在从Web 2.0时代到Web 3.0时代的快速变革中，虚拟数字人逐渐出现在我们生活中的方方面面，无论它是作为"元宇宙"的核心先行者，还是作为Web 3.0的核心先行者。《虚拟数字人 3.0》一书系统性地介绍了虚拟数字人的前世今生，更重要的是展望了未来的发展趋势。"3.0"不只是技术的更新迭代，更是公平与效率间平衡性的重新思考与定义，从而产生下一代的商业模式和经济模型。

智造科技 Virtueal 创始人兼 CEO，虚拟数字人 CELIX 主理人 梅铁铮

元宇宙是移动互联网发展的必然趋势，又一次破坏式创新的新机遇，虚拟数字人作为元宇宙的"元住民"，未来将会超过人类的繁衍速度，是每一个企业和品牌都需要关注的新机会。《虚拟数字人 3.0》一书以上帝视角解读了数字人的前世今生，从技术、应用场景、产业等不同维度向读者展示了一副完整的数字人发展蓝图。带领读者遨游于元宇宙的星辰大海，探索虚拟数字人的未来边界，是一本元宇宙必读课本。

头号偶像创始人兼 CEO　李坤

虚拟数字人是人类进入元宇宙的身份载体，未来每个人都可以利用虚拟身躯在元宇宙里探索开拓无限的生命可能。在元宇宙数字世界中，无论自然人还是企业，其人格都将得到更加自由的彰显。对企业而言，想要在元宇宙世界中获得更多与用户沟通的机会，虚拟形象代言人更是必须的入场券，《虚拟数字人 3.0》为企业如何应对元宇宙时代的新数字变革提供了重要的战略指引。

爱化身科技 CEO　马克

人类是智能生命体，我们有外在的形象，也有内在的智能（思想和意识），我们可以透过理解自身的运作方式，尤其是大脑和身体之间的互动机制来构建智能。虚拟数字人的3.0是形神合一还是真正可以进化的数字智能？让我们拭目以待。本书从各维度进行解析，非常值得深入阅读和思考，未来高度数字化、智能化的元宇宙时代与每个人、每家企业和每个行业都息息相关，人类终将拥有物理的和数字的多重平行宇宙，而现在站在新时代的起点上"参与创造"是多么令人兴奋的事情！

迈吉客科技创始人兼董事长　伏英娜

数字人，将在下一代计算终端及互联网中，成为每一个上网用户的身份ID。如同在现实世界中需要身份证件、身份认同、穿衣打扮一样，用户的身份ID也会产生同样的社会影响力和经济价值。在《虚拟数字人3.0》出版这个时间点上，投资数字人技术、终端、生产链条、AI是提前进入下一代互联网热潮的一个捷径。《虚拟数字人3.0》介绍了产业链上的方方面面，愿阅读此书，能帮助读者找到准确的发力点。

STEPVR创始人兼CEO　郭成

元宇宙的一个重要创新是将人与机器的交互重新定位于人与"人"（虚拟数字人）这种最为自然的交互形式，《虚拟数字人3.0》一书聚焦于此，给了行业很多启发。虚拟数字人在中国的发展机遇更在于与实体经济结合，为实体经济赋能：通过虚拟数字人，让人工智能、大数据、AR、VR等先进技术有载体，进而更好地为产业和消费者服务。从互联网的1.0到2.0，中国一直是模式创新的沃土，当前元宇宙概念兴起，虚拟数字人产业会迎来大发展，未来我国虚拟数字人市场规模和体量会引领全球发展。

偶邦智能创始人兼CEO 郑毅